MEIN TIPP

Vor der Reise erledigen

› Hinweise zur vorausschauenden Reiseplanung s. S. 15

Cleveres Nummernsystem

Die Sehenswürdigkeiten sind im Text und im Kartenmaterial mit derselben **magentafarbenen ovalen Nummer** ❶ markiert. Alle anderen Lokalitäten wie Geschäfte, Restaurants usw. tragen ein **Symbol und eine fortlaufende rote Nummer (1)**. Die Liste aller Orte und die Zeichenerklärung befinden sich im Anhang.

Der Schmetterling ...

... zeigt an, wo man Angebote im Bereich des nachhaltigen Tourismus findet.

Bewertung der Sehenswürdigkeiten

★★★ nicht verpassen
★★ besonders sehenswert
★ wichtig für speziell interessierte Besucher

Planquadrat im Kartenmaterial

[A1] Orte ohne diese Angabe liegen außerhalb unserer Karten. Ihre Lage kann aber wie die aller Ortsmarken mithilfe der begleitenden Web-App angezeigt werden (s. Anhang).

Vorwahlen
- **Italien:** 0039
- **Mailand:** 02
- **Bergamo:** 035

(s. auch „Telefonieren", S. 125)

Updates zum Buch
www.reise-know-how.de/citytrip/mailand24

Adressen
Eine Erklärung zu den häufigsten Abkürzungen von Adressangaben findet sich auf S. 142.

Blick vom Domdach 1 in Richtung der italienischen Alpen (001ma Abb.: js)

Schöpfergeist trifft Schönheitssinn

Mailänder folgen keinen Trends – sie ersinnen sie lieber selbst! Das gilt für Modekollektionen, Design, kulinarische Genüsse und vieles mehr, was das Leben schöner macht. Aber nicht nur ein gehobener Lifestyle, sondern auch handfeste Schaffenskraft steht hier seit Jahrhunderten hoch im Kurs. Beispiel: In und um Mailand gibt es keinen Fluss als natürlichen Transportweg und auch kein anderes nennenswertes Gewässer. Für die findigen *Milanesi* kein Problem: Schon im Mittelalter schufen sie ein Kanalsystem, das in seiner Blütezeit die Stadt mit den oberitalienischen Seen und sogar mit der Adria verband. Leonardo da Vinci (s. S. 46), viele Jahre selbst Wahlmailänder, hat in der Zeit der Renaissance an der Verbesserung der Kanalschleusen maßgeblich mitgewirkt.

Am Ende der noch erhaltenen Wasserstraße Naviglio Grande begeistert heute ein trendiges Amüsierviertel 31 Einheimische und Besucher: Ateliers, originelle Läden, Kneipen und Cafés laden zu allen Tages- und Jahreszeiten zum Bummeln ein.

Über eben diese künstlichen Wasserstraßen wurde auch das Baumaterial für Mailands berühmtestes Wahrzeichen, den gotischen Dom 1, herangeschafft: ein Bauwerk der Superlative.

In jüngerer Zeit bezeugen die Modeschöpfungen glamouröser Luxusmarken wie beispielsweise Armani, Prada und Gucci die ungebrochene Mailänder Kreativität und Geschäftstüchtigkeit. Wer seine Garderobe direkt vor Ort aktualisieren möchte, kann im zentral gelegenen „goldenen Mode-Viereck“ Quadrilatero d'oro 14 den Flagship-Stores der bekanntesten Labels einen Besuch abstatten. Giorgio Armani, als Mailands populärster Modezar schon lange eine lebende Legende, eröffnete im Jahr 2015 sogar ein eigenes Fashion-Museum (s. S. 68).

Der Autor

Jens Sobisch bereist Italien seit seiner Jugend. Dabei haben es ihm Rom und Norditalien ganz besonders angetan. Der CityTrip Mailand ist das Ergebnis dieser chronischen Begeisterung für die Welt südlich der Alpen. Beim Reise Know-How Verlag verantwortet der gebürtige Franke außerdem die Bände KulturSchock Cuba, Cuba Slang, CityTrip Havanna und CityTrip Würzburg. Jens Sobischs Mailand-Resümee:

„Abseits des weltberühmten Domplatzes verzaubert die mondäne Mode-Metropole ihre Besucher nicht sofort, dafür aber nachhaltig – und Freunde stilvoller Genüsse kommen nirgendwo besser auf ihre Kosten als in der heimlichen Hauptstadt Italiens.“

076ma Abb.: js

Mailand auf einen Blick

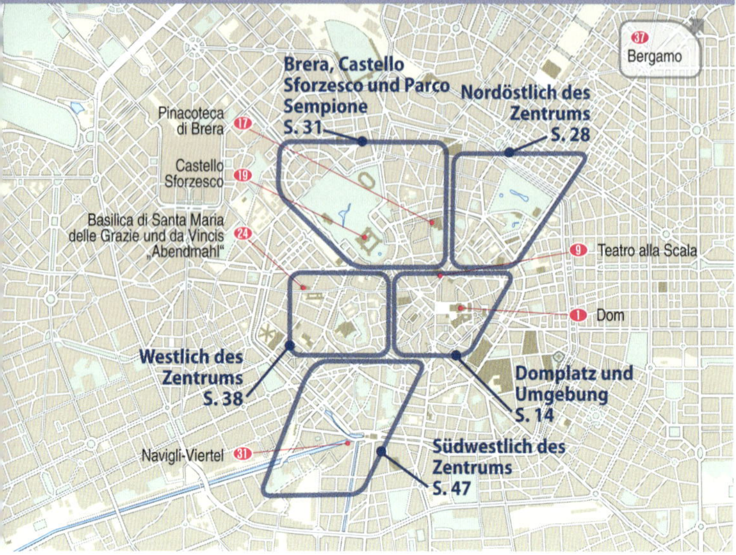

Inhalt

NICHT VERPASSEN!

1 Dom [E4]
Die gotische Kathedrale ist nach dem Petersdom das zweitgrößte Gotteshaus Italiens. Die Fenster des Chors gehören zu den höchsten der Welt. Ein echtes Highlight jedes Mailandbesuchs ist ein Spaziergang über die Domterrassen (s. S. 14).

9 Teatro alla Scala [E4]
Hier finden seit 1778 Opernaufführungen von Weltrang statt. Von außen wirkt das Gebäude eher schlicht, innen gehen den Besuchern Augen und Ohren auf (s. S. 25).

17 Pinacoteca di Brera [E3]
Werke von Raffael, Caravaggio, Rubens, Rembrandt, El Greco u. a. machen die Pinacoteca zu einem der bedeutendsten Museen der Welt. Schon das palastartige Gebäude aus dem 17. Jahrhundert lohnt einen Besuch (s. S. 31).

19 Castello Sforzesco [D3]
Im 14. Jh. als wuchtige Festungsanlage errichtet, ist die Burg beliebtes Ausflugsziel mitten in der Stadt. Im riesigen Innenhof ist immer etwas los. Erholungsuchende schätzen den weitläufigen Parco Sempione gleich hinter der Anlage (s. S. 33).

24 Basilica di Santa Maria delle Grazie und da Vincis „Abendmahl" [B4]
Die große Basilika kombiniert gotische mit Renaissance-Elementen. Da Vincis Meisterwerk begeistert Kunstfreunde (s. S. 38).

31 Navigli-Viertel [C7]
Früher unentbehrlich für die Versorgung der Stadt, haben sich der Wasserkanal Naviglio Grande und seine nähere Umgebung inzwischen zu einem schicken Ausgehviertel gemausert (s. S. 49).

37 Bergamo [S. 58]
Bergamo ist nicht nur ein empfehlenswertes Ausflugsziel, sondern taugt auch als Ausgangspunkt für Trips in die italienischen Alpen (s. S. 56).

004ma Abb.: js

Sein und Design – so lässt sich das Credo von Italiens Weltstadt zwischen Alpen und Mittelmeer auf den Punkt bringen! Seit Leonardo da Vincis Zeiten fühlen sich Kreative und Erfolgreiche hier besonders wohl. Wer zum ersten Mal nach Mailand kommt, merkt sofort, dass in der glamourösen Hauptstadt der Lombardei nicht gekleckert, sondern im ganz großen Stil geklotzt wird. Ein Dom der Superlative, die berühmteste Einkaufspassage der Welt gleich neben dem nicht minder famosen Teatro alla Scala, unermessliche Kunstschätze und die Flag-Stores der wichtigsten Mode-Labels des Planeten drängen sich auf kleinstem Raum im historischen Zentrum. Schicke Künstlerviertel und exklusive Shoppingmeilen verführen zu Streifzügen durch die eleganteste und stilvollste Metropole Italiens.

Willkommen in Mailand

Reisende, die gerne flanieren und bummeln, werden an der lombardischen Metropole ihre helle Freude haben. Viele der für Touristen interessanten Spots sind vom Zentrum der Innenstadt, dem Domplatz, hervorragend zu Fuß zu erreichen. Außerdem kann es sehr reizvoll sein, sich einfach durch die Straßen und Gassen eines einzelnen Stadtteils treiben zu lassen.

Neben dem unmittelbaren Zentrum Mailands sind einige weitere Gegenden von besonderem touristischen Interesse. Wer die im Folgenden vorgestellten **Bezirke** auf dem Faltplan einen nach dem anderen rasch finden möchte, beginnt mit den Augen – oder dem Zeigefinger – bei der Piazza Oberdan [H2] nordöstlich des Stadtkerns und bewegt dann Auge oder Finger den kurzen Erläuterungen entsprechend einmal entgegen dem Uhrzeigersinn um den Domplatz ❶ herum.

Der über 1 km lange **Corso Venezia** verbindet die Piazza San Babila ⓰ in nordöstlicher Richtung, vorbei an den Giardini Pubblici Indro Montanelli ⓯, mit der Piazza Oberdan. Gesäumt ist die Allee von Restaurants und Geschäften aller Art – und einigen eindrucksvollen Stadtpalästen in klassizistischem Stil. Ein besonders markantes Beispiel dafür ist der Palazzo Serbelloni von 1793 an der Ecke Via San Damiano.

An der Piazza Oberdan werden die beiden kleinen Torhäuschen der historischen Porta Venezia und die gleichnamige Metrostation passiert. Hier geht der Corso Venezia nahtlos in den **Corso Buenos Aires** über – eine ebenfalls kilometerlange Allee mit unzähligen populären Läden und Einkehrmöglichkeiten. Espresso-Trinker stürmen hier die kleine Cafébar der traditionsreichen Rösterei **Torrefazione Caffè Ernani** (s. S. 79).

Die **Giardini Pubblici Indro Montanelli** ⓯ sind neben dem Parco Sempione Mailands zweite große **Parkanlage** im Bereich der Innenstadt. Beide haben die Größe eines ganzen Stadtviertels. In den „Öffentlichen Gärten" – so die wörtliche Übersetzung – kann man nicht nur relaxen, sondern auch zwischen mehreren lehrreichen bzw. kunstsinnigen Unternehmungen wählen.

Das weltberühmte **Quadrilatero d'oro** ⓮, das „Goldene Viereck" der

◁ Vorseite: Blick auf den Arco della Pace (s. S. 38)

060ma Abb.: js

Spitzenmode, umfasst ein großes Straßenkarree zwischen den Giardini Pubblici Indro Montanelli und dem Domplatz. In kompakter Manier repräsentieren hier italienische und internationale Klamottenlabels um die Wette.

Nördlich des Zentrums etwa auf halbem Weg zwischen dem Parco Sempione und den Giardini Pubblici gelegen, gilt der Stadtteil **Brera** nach wie vor als **Künstlerviertel** Mailands. Nicht nur das besondere Ambiente mit hübschen gepflasterten Gässchen und vielen Lokalen zieht viele Besucher an, sondern auch die Pinacoteca di Brera (17), eine der herausragendsten Gemäldegalerien Italiens.

Das **Castello Sforzesco** (19) und der weitläufige **Parco Sempione** (20) prägen die Gegend nordwestlich der unmittelbaren Innenstadt. Eine eingehende Besichtigung der hier gebotenen Sehenswürdigkeiten und Attraktionen dauert locker einen ganzen Tag. Auf dem Gelände der ehemaligen Messehallen entstanden **spektakuläre Hochhäuser** (City Life Project). Mit von der Partie waren die Spitzenarchitekten Daniel Libeskind, Arata Isozaki und Zaha Hadid. Jeder der drei verantwortete den Bau eines Wohn- bzw. Büroturms. Spitznamen der drei Hochhäuser **(Tre Torri):** „Il Dritto" („Der Gerade"), „Il Curvo" („Der Gebogene") und „Lo Storto" („Der Krumme").

Etwas über einen Kilometer westlich des Domplatzes verläuft die beim Regionalbahnhof Cadorna unweit des Castello Sforzesco beginnende **Via Giosuè Carducci.** Rechts und links dieser breiten Straße passiert man eine ganze Reihe von Top-Sehenswürdigkeiten, darunter die Basilica di Santa Maria delle Grazie (24) mit Leonardo da Vincis „Letztem Abendmahl" („Cenacolo Vinciano"), die prächtige Basilica di Sant'Ambrogio (27) und das nach dem visionärsten Bewohner Mailands benannte Museo Nazionale della Scienza e della Tecnologia Leonardo da Vinci (28).

Mailands Jugend flaniert abends am liebsten auf dem **Corso di Porta Ticinese** zwischen dem trendigen

Rockstar-Pose in Sichtweite des Doms (1)

Platz vor der Basilica di San Lorenzo Maggiore 29, wo der romanische Baustil der Kirche dem Charme einer antiken Säulenkolonnade begegnet, und der Piazza XXIV, in deren unmittelbarer Nähe sich die beiden großen Kanäle *(navigli)* treffen.

Ursprünglich Teil des Wasserstraßennetzes, das Mailand durchzog, sind der *Naviglio Grande* (Großer Kanal) und der *Naviglio Pavese* (Pavia-Kanal) heute dessen sichtbarste Überreste. Das kultige **Navigli-Viertel** 31 spielt eine wichtige Rolle im Kunst- und Kulturleben der Stadt, ohne dabei Brera als etabliertem Kunst-Hotspot den Rang abzulaufen. Etwas vereinfacht gesagt, ist Brera mondäner, die Navigli (noch) experimenteller.

Mailand an einem Tag

Ein (erster) Tag in Mailand ist mit dem auf Seite 12 empfohlenen **Spaziergang** schon halb vorbei. Den Nachmittag könnten Kurzurlauber – ganz nach individuellem Interesse – einem Besuch der **Pinacoteca di Brera** 17, des **Museo Nazionale della Scienza e della Tecnologia Leonardo da Vinci** 28 oder der **Dachterrasse des Doms** 1 (oft lange Wartezeiten) widmen. In der Umgebung des Domplatzes lässt sich *dolce far niente* (das süße Nichtstun) besonders gut mit Leutegucken verbinden, z. B. in der **Galleria Vittorio Emanuele II** 2 oder entlang der breiten **Fußgängerzonen** Richtung

Das gibt es nur in Mailand

In der Hauptstadt der Lombardei waren seit jeher kreative Geister am Werk, lange vor und lange nach Leonardo da Vinci, dem berühmesten aller Mailänder Gastarbeiter. Hier einige Beispiele für besonders skurile Sehenswürdigkeiten und Begebenheiten:

- Im bei U-Bahn-Bauarbeiten unter dem Domplatz wiederentdeckten **Battistero San Giovanni alle Fonti** (s. S. 16) taufte bereits der heilige Ambrosius. Er selbst hatte sich erst kurz vor seiner Weihe zum später wirkmächtigsten Bischof der Stadtgeschichte taufen lassen.
- Da sich Domherren und Mönche nicht einigen konnten, wer von ihnen wann die Glocken der **Basilica di Sant'Ambrogio** 27 läuten darf, baute man kurzerhand zwei Glockentürme.
- An einem Fialentürmchen hoch oben auf dem Dach des Doms 1 haben Steinmetze **Boxszenen** eines italienischen Schwergewichtsweltmeisters aus den 1930er-Jahren festgehalten.
- In der **Galleria Vittorio Emanuele II** 2 kann man dem **Turiner Stier** symbolisch und ungestraft auf das Gemächt treten. Dieser auch bei Touristen beliebte Brauch soll Glück bringen (s. S. 18).
- Die mit leckerem Backwerk reich gewordene Mailänder Familie Motta ließ für ihre Gruft auf dem **Cimitero Monumentale** 33 eine acht Meter hohe Skulptur anfertigen, die ohne viel Fantasie an einen riesigen Panettone, also einen Mailänder Weihnachtskuchen (s. S. 72), erinnert.
- Die Sonderausstellung **Museo Leonardo3** (s. S. 19) wurde 2013 anlässlich des nahenden 500. Todestags des Genies mitten im Zentrum der Mailänder Innenstadt am Nordende der Galleria Vittorio Emanuele II 2 eröffnet.

Piazza San Babila 16 bzw. Castello Sforzesco 19. Möchte man die Muße mit dem Besuch eines Restaurants der Extraklasse mitten im Zentrum verbinden, bietet es sich an, einen Tisch im **Cracco's** (s. S. 75) oder im **Giacomo Arengario** (s. S. 75) zu reservieren.

Wer sich nach dem mehrstündigen Stadtbummel lieber im Grünen ausruhen möchte, flaniert durch den **Parco Sempione** 20, die **Giardini Pubblici Indro Montanelli** 15 oder den **Parco delle Basiliche,** der die beiden prächtigen Basiliken San Lorenzo Maggiore 29 und Sant'Eustorgio 30 verbindet.

Ausklingen könnte der Tag dann bei einem Aperitif im **Navigli-Viertel** 31, auf der so charmanten wie legendären Künstlermeile Via Brera (s. S. 31) oder in einer Bar am Corso Sempione, beispielsweise beim gepflegten Aperitivo im **Jazz Café** (s. S. 82).

Kurztrip nach Mailand

Wer drei Tage Zeit hat, um Mailand kennenzulernen, könnte den ersten Tag für den auf S. 12 vorgeschlagenen **Stadtspaziergang** inklusive der empfohlenen Verlängerung und dem Besuch der **Domterrassen** 1 verwenden und den zweiten für die Erkundung von Sehenswürdigkeiten, die sich etwas außerhalb des Zentrums befinden. Je nach persönlichen Vorlieben bieten sich dafür zum Beispiel das trendige **Navigli-Viertel** 31, der **Cimitero Monumentale** 33 oder der Stadtteil **San Siro** mit **Weltklasse-Fußballstadion** 34 und **Hippodrom** 35 an.

Wem die während des Stadtbummels passierten Kirchenbauten noch nicht reichen, der sollte wissen, dass Mailand noch einige weitere Gotteshäuser zu bieten hat. Die besonders sehenswerten im Westen des Domplatzes können auf einem etwas über eine Stunde dauernden Spaziergang abgeklappert werden. Von Süden nach Norden spaziert, entdeckt man hier die **Basilica di San Lorenzo Maggiore** 29, die **Basilica di Sant'Eustorgio** 30, die **Basilica di Sant'Ambrogio** 27 und die **Basilica di Santa Maria delle Grazie** 24.

Besucht man Mailand zum allerersten Mal, bietet es sich außerdem an, von den **Hop-on-hop-off-Bussen** (z. B. von CitySightseeing Milano, s. S. 124) Gebrauch zu machen. Auf mehreren Linien können sich Touristen einen großen Teil der Mailänder Innenstadt und die meisten bekannten Sehenswürdigkeiten erschließen (auch Kombiangebote inkl. Eintritt). An allen Haltestellen kann man nach Belieben aus- und wieder zusteigen. Kostspieliger ist eine Besichtigungs- oder Shoppingtour mit einer Fahrrad-Rikscha (s. S. 130).

Der dritte Tag könnte beispielsweise einem Ausflug nach **Bergamo** 37 gewidmet sein. Die malerische Stadt in den italienischen Voralpen ist besonders rasch und günstig zu erreichen und bietet viel Sehenswertes. Im Bergamo-Kapitel finden sich zwei Spaziergänge durch die mittelalterliche Ober- und die Unterstadt.

Mindestens einen Abend sollte man reservieren, um **stilvoll auszugehen,** vielleicht in eine Aufführung im weltberühmten Teatro alla Scala 9 oder im ebenfalls sehr empfehlenswerten **Piccolo Teatro** bzw. an einer der anderen kleineren Bühnen (s. S. 84).

Stadtspaziergang

Wer sich die Atmosphäre der Stadt und einige ihrer Top-Sehenswürdigkeiten auf einem einzigen Spaziergang erschließen möchte, könnte sich für die im Folgenden beschriebene Route entscheiden. Je nach Anzahl und Länge der Stopps werden die meisten für den knapp 3 km langen Bummel ein bis zwei Stunden benötigen. Die Route verläuft von der Piazza San Babila (16) im Osten der Innenstadt über die Piazza del Duomo und die Piazza dei Mercanti (7) als Kerne des historischen Zentrums *(centro storico)* bis zum weitläufigen Parco Sempione (20) im Nordwesten. Auf besonders lohnende Abstecher von dieser Hauptroute wird jeweils hingewiesen. Da der Spaziergang grob dem Verlauf der U-Bahn-Stationen San Babila, Duomo, Cordusio, Cairoli und Cadorna der Linie M1 folgt, kann man jederzeit einen Abschnitt überspringen oder bequem per U-Bahn an den Ausgangspunkt zurückkehren. Der größte Teil der Strecke liegt im Bereich der längsten zusammenhängenden Fußgängerzone Mailands.

Der Bummel startet an der **Piazza San Babila** (16). Die aus roten Backsteinen erbaute romanische Kirche San Babila duckt sich hier zwischen Bürogebäuden und turmhohen Werbeflächen. Spaziergänger auf dem Weg Richtung Zentrum kämpfen sich tapfer durch den Trubel, passieren das große Bassin des Springbrunnens am Südende des Platzes und biegen in den Corso Vittorio Emanuele II ein. Rasch taucht am Ende der tagsüber immer sehr belebten Flaniermeile die Silhouette des **Doms** (1) auf. An der Schlange der für die Besichtigung der Domterrassen Anstehenden vorbei führt der Bummel zur Nordwestecke der gewaltigen Kathedrale und damit direkt vor das Hauptportal der berühmten Einkaufspassage **Galleria Vittorio Emanuele II** (2). Hier öffnet sich der Domplatz mit seinem Ensemble spektakulärer Baukunstwerke und Top-Sehenswürdigkeiten. Statt die Nordseite des Doms schnurstracks zu passieren, lohnt es sich, ihn einmal zu umrunden. Den Dom stets rechter Hand bewundern Architekturfreunde bei diesem kleinen Umweg zu ihrer Linken der Reihe nach den **Palazzo Arcivescovile** (Erzbischöflicher Palast), den **Palazzo Reale** (3) und den Palazzo dell'Arengario mit dem **Museo del Novecento** (4).

> **Routenverlauf im Stadtplan**
> Der hier beschriebene Spaziergang ist mit einer farbigen Linie im Stadtplan eingezeichnet.

Mitten durch die Galleria Vittorio Emanuele II führt der direkte Weg zur nahen Piazza della Scala und dem sagenumwobenen gleichnamigen **Opernhaus** (9) mit der großen Da-Vinci-Statue davor und dem **Palazzo Marino** (10) gegenüber.

Vom Operngebäude könnte man nun auch nordwärts in den Stadtteil Brera mit der Pinacoteca di Brera (17) oder an den Museen Casa di Manzoni (11) und Casa Museo Poldi Pezzoli (12) vorbei Richtung Quadrilatero d'oro (14) und Giardini Pubblici Indro Montanelli (15) flanieren. Auf dem hier beschriebenen Spaziergang wird aber über die Via Santa Margherita nach ein paar schnellen Schritten wieder der **Domplatz** erreicht. Freunde kirchlicher Prachtbauten haben von dieser Stelle einen besonders guten Blick auf die fantastische Hauptfassade des Gotteshauses. Entsprechend viele Selfies werden hier geschossen – und gleich in alle Welt verschickt. Die eindrucksvolle Skulptur mitten auf dem Domplatz ist übrigens ein bronzenes Reiterstandbild des italienischen Königs Vittorio Emanuele II., nach dem auch die Galleria benannt ist.

Den Dom im Rücken biegt man nun in die **Via dei Mercanti** ein. An der Nordseite des Palazzo della Ragione entlang geht es über die mittelalterliche **Piazza dei Mercanti** 7 nordwestwärts Richtung Piazza Cordusio. Dort laufen neben der Via Mercanti noch sechs weitere Straßen zusammen. Wer jetzt der breiten Via Dante weiter Richtung Nordwesten folgt, sieht am Ende der Flaniermeile die Umrisse des mächtigen Torturms des **Castello Sforzesco** 19 auftauchen. Vorbei am Piccolo Teatro Grassi (s. S. 84) im Palazzo Carmagnola und über einen vielbefahrenen Kreisverkehr erreicht man kurz vor dem Eingang zum wuchtigen Castello eine große **Brunnenanlage.** Dort ist nicht nur im heißen Mailänder Sommer viel los. Nicht weit von hier befindet sich auch der Startpunkt der roten Hop-on-hop-off-Busse (CitySightseeing Milano, s. S. 124).

Nun steht man vor der Wahl, eines der **Museen** in der weitläufigen Festungsanlage zu erkunden oder durch die beiden Innenhöfe direkt in den **Parco Sempione** 20 zu gehen, wo der Spaziergang im Grünen ausklingt oder aber bei einer der vielen Aktivitäten, zu denen der Park einlädt: Wer Mailand von ganz oben genießen möchte, flaniert zum fast 109 Meter hohen **Torre Branca** 23, Fans des nassen Elements besuchen das **Acquario Civico** 21 und Kunstfreunde lassen sich das **Triennale di Milano** 22 nicht entgehen. Abends lockt die Aperitivo-Happy-Hour zur Einkehr in die Bar Bianco (s. S. 82) mitten im Park.

Mögliche Verlängerung des Spaziergangs zum Navigli-Viertel

Wer noch Lust und Luft hat, kann an der Südwestecke des Castello Sforzesco 19 über die Via Marco Minghetti am Bahnhof Cadorna vorbei in die breite **Via Giosuè Carducci** [C4/5] einbiegen. Die originelle – manche meinen skurrile – Riesenskulptur auf der Piazzale Cadorna stellt übrigens – gigantisch vergrößert – Nadel, Faden und Knoten dar. Die Komposition soll an Mailands Rolle als Modehauptstadt erinnern.

Nach 250 Metern von der Via Carducci rechts abbiegend wird schon die **Basilica di Santa Maria delle Grazie** 24 mit **Leonardo da Vincis „Letztem Abendmahl"** („Cenacolo Vinciano") erreicht. Wer auf der Carducci bleibt, sieht an der nächsten großen Kreuzung linker Hand die **Basilica di Sant'Ambrogio** 27 – nach dem Dom Mailands größtes und bekanntestes Gotteshaus. Nicht weit entfernt (erreichbar von der Carducci nach rechts über die Via San Vittore) lässt das **Museo Nazionale della Scienza e della Tecnologia Leonardo da Vinci** 28 das Herz aller Technikfreunde höher schlagen.

Wer sich für diese verlängerte Variante des Spaziergangs mit einem Abstecher ins trendige **Navigli-Viertel** 31 belohnen möchte, springt zwischen den beiden zuletzt genannten Sehenswürdigkeiten an der M2-Station Sant'Ambrogio für nur zwei Haltestellen in die U-Bahn. Von der Metrostation Porta Génova sind es die Via Vigevano entlang nämlich keine 300 Meter zu der Stelle, an der die Kanäle Naviglio Grande und Naviglio Pavese in das für die Expo 2015 aufwendig aufgehübschte Hafenbecken (Darsena del Naviglio) münden.

Domplatz und Umgebung

Die Piazza del Duomo ist seit dem 19. Jahrhundert der „Empfangssaal" der Stadt und die gotische Kathedrale ihr Wahrzeichen Nummer eins. Weitere Prachtbauten säumen den weitläufigen Platz, darunter auch das monumentale Hauptportal der überdachten Ladenstraße Galleria Vittorio Emanuele II.

Das Zentrum des Domplatzes wird von einem 1896 gegossenen bronzenen **Reiterstandbild** des ersten italienischen Königs beherrscht, nach dem auch die Galleria 2 gleich daneben benannt wurde. Wer von hier aus zunächst das Hauptportal des **Doms** 1 in den Blick nimmt und sich dann einmal im Uhrzeigersinn um die eigene Achse dreht, schaut erst halbrechts am Dom vorbei auf den **Palazzo Reale** 3 und gleich rechts davon auf den zweigeteilten, säulenverzierten Palazzo dell'Arengario. In dem zu Beginn unseres Jahrhunderts völlig neu gestalteten Gebäude ist das **Museo del Novecento** 4 mit seinen Kunstschätzen des 20. Jahrhunderts untergebracht.

Der Blick fällt als nächstes auf eindrucksvolle Stadtpaläste und dann fast schon gegenüber des Haupteingangs des Doms auf einen schmalen Durchgang Richtung Südseite der **Piazza dei Mercanti** 7. Die breiten Straßen links davon führen pfeilgerade zum **Castello Sforzesco** 19 (Via Orefici) bzw. Richtung **Navigli-Viertel** 31 (Via Torino). Rechts des Durchgangs sieht man die Spitze des markanten Uhrturms des Palazzo dei Giureconsulti an der Piazza dei Mercanti.

Eine viertel Körperdrehung weiter Richtung Dom gerät dann der imposante Triumphbogen der Galleria und noch etwas weiter das große Kaufhaus **La Rinascente** (s. S. 86) in den Blick. Wer in diese Richtung spaziert, passiert nach einigen Schritten den Eingang zu den Treppen hinauf auf das Domdach.

Außerdem zur Umgebung des Domplatzes gerechnet werden die **Chiesa di San Bernardino alle Ossa** 5 und die **Chiesa di Santa Maria presso San Satiro** 6 südöstlich bzw. -westlich des Doms, der westwärts gelegene **Palazzo dell'Ambrosiana** 8 und der Musentempel **Teatro alla Scala** 9 nördlich der Galleria Vittorio Emanuele II.

1 Dom ★★★ [E4]

Der Stolz der Mailänder auf ihren mit hellem Marmor verkleideten Dom ist kaum zu überschätzen – völlig zu Recht, denn die Basilica Cattedrale Metropolitana di Santa Maria Nascente (so die vollständige offizielle Bezeichnung) ist ein Gotteshaus der Superlative. Für viele Reisende ist der Spaziergang auf den Dachterrassen des gotischen Steingebirges einer der ganz besonderen Höhepunkte ihres Mailandbesuchs.

Geweiht ist der weltberühmte Dom **der Geburt Mariens.** Seine 61,50 Meter breite, zu Beginn des 19. Jahrhunderts fertiggestellte Fassade dominiert den Domplatz (Piazza del Duomo) seit über 200 Jahren. Der Überreichtum an filigranen Giebeln, Türmchen, Statuen und anderen dekorativen Elementen macht die Kathedrale zur **meistfotografierten Sehenswürdigkeit der ganzen Region.** Viele können sich an der Fassade kaum sattsehen. Allerdings hat der Dom auch Kritiker. Diese meinen, man habe es bei der Mixtur aus gotisch-barocken Deko-Ele-

MEINE TIPPS

Vorausschauende Reiseplanung

Um die Chance auf ein reguläres Ticket für die Besichtigung von da Vincis weltberühmtem „letzten Abendmahl" 24 an einem bestimmten Tag zu haben, kümmert man sich bis zu **drei Monate** (!) vorher um die Reservierung. Auch Karten zu einer bestimmten Aufführung im Teatro alla Scala 9 zu bekommen, erfordert langfristige Planung und Tickets für Spitzenspiele von Inter Mailand oder dem A.C. Milan sind ebenfalls frühzeitig ausverkauft (s. S. 54).

Etwa **einen Monat** vor Abreise kümmert man sich spätestens um die Übernachtung und die Tischreservierung in Spitzenrestaurants. Fällt die Reise in die Zeit einer Mailänder Modewoche oder einer herausragend wichtigen Messe, etwa dem Salone Internazionale del Mobile im April, werden aus dieser Vorlaufempfehlung drei Monate – mindestens.

Besichtigung von Kirchen

Kirchen besichtigt man entweder **vormittags** oder **(spät)nachmittags.** Das gilt vor allem für Werktage, oft aber auch am Wochenende und an Feiertagen. Täglich auch mittags geöffnet hat nur der Dom 1. Mit Ausnahme des Doms ist der **Eintritt in Kirchen** frei, etwas anderes gilt für angeschlossene Museen oder Ähnliches. Wer nicht auf **angemessene Kleidung** achtet, setzt sich dem Risiko aus, nicht in Kirchen eingelassen bzw. beschleunigt wieder hinausgewiesen zu werden.

menten vielleicht doch etwas übertrieben („Zuckerbäckerstil").

Begonnen 1386, konnten der Hauptbau der typischen Basilika mit erhöhtem Mittelschiff um 1500, die Spitze auf der Kuppel um 1770 und die Fassade um 1810 vollendet werden. Die fünf gewaltigen **Bronzeportale** entstanden zwischen 1840 und 1965. Sie illustrieren von links nach rechts das Toleranzedikt von Mailand, das Leben des heiligen Ambrosius (s. S. 45), das Leben der Gottesmutter Maria (Hauptportal), die Geschichte Mailands und die Geschichte des Doms. Es soll Glück bringen, bestimmte Teile der Bronzetüren zu berühren – dementsprechend blank-gerubbelt sind die betreffenden Stellen!

Wer in den Dom eintritt, für den gehen die Wunder weiter: Durch herrlich gestaltete, großformatige Buntglasfenster gedämpftes Licht fällt ins Innere der fünfschiffigen Basilika, wo 52 turmhohe Pfeiler, in ihrem oberen Drittel mit Reliefs und Statuen reich verziert (Kapitelle), die Konstruktion stützen.

Die **Fenster des Mittelschiffs** entstanden größtenteils im 19. Jahrhundert und gelten mit ihren gewaltigen Maßen von bis zu 21 x 8,5 Metern als die größten der Welt. Eines der ursprünglichen Fenster aus dem 15. Jahrhundert ist noch im nördlichen Querschiff zu bewundern. Hier prunkt auch der siebenarmige sogenannte Trivulzio-Bronzeleuchter mit Szenen aus dem Alten Testament.

Wertvollste **Reliquie** ist ein Nagel aus dem Kreuz Christi. Zu bestimmten Anlässen zeigt der Bischof den Gläubigen dieses Heiligtum im Rahmen einer prunkvollen Zeremonie. In der Sakristei beeindruckt der Domschatz *(Tesoro del Duomo)* mit Gold-, Silber- und Elfenbeinarbeiten von unschätzbarem Wert, die ältesten davon aus dem 4. Jahrhundert. Den Eingang findet man rechts vom Hauptaltar. Daneben kann das mit Silberplatten verzierte achteckige Grab des Erzbischofs Bor-

022ma Abb.: © frenk58, stock.adobe.com

romeo aus dem 16. Jahrhundert besichtigt werden.

Während des Baus der U-Bahn stieß man unweit des Doms auf das **Battistero San Giovanni alle Fonti** aus dem 4. Jahrhundert. Die kleine Taufkirche gilt als eines der ältesten Überbleibsel frühchristlichen Lebens in Mailand und ist heute vom Dom aus zugänglich (gleich nach dem Eingang links halten). Hier soll der heilige Ambrosius (s. S. 45) selbst getauft haben.

Ein unvergessliches Highlight ist der **Spaziergang auf den Dachterrassen** *(terrazzi)* des Doms. Besucher flanieren hier oben durch eine Landschaft aus unzähligen Statuen, Säulen, Türmchen und anderen dekorativen Elementen. Außerdem sind sie der **Madonnina** genannten, über 4 Meter hohen vergoldeten Muttergottes-Statue besonders nah. Auf ihre „kleine Madonna" lassen die Mailänder nichts kommen. Ob religiös oder nicht, jeder kennt die mit etwas über vier Metern Höhe gar nicht

Beinahe surreal: der Dom ❶ *und die Galleria Vittorio Emanuele II* ❷

Der Dom – architektonische Fakten

Einige Details, die Mailands Dom zu einer der größten und prächtigsten Kirchen der Welt und zum wichtigsten Zeugnis der gotischen Periode der Stadt machen:

- **Baubeginn:** 1386
- **Weihe des Hauptaltars:** 1418
- **Grundform:** kreuzförmige Basilika mit erhöhtem Hauptschiff
- **Länge:** 158 m
- **Breite:** 93 m (gemeint ist die Länge des dreischiffigen Querhauses)
- **Fassadenhöhe:** 56 m
- **Fassadenbreite:** 61,5 m
- **Höhe der Kuppel:** 68 m
- **Gesamthöhe:** 108,5 m (einschließlich der Säule mit der Marienstatue „Madonnina")
- **Höhe der 52 Säulen:** 24,5 m bei einem Durchmesser von fast 3,5 m
- **Grundfläche:** fast 12.000 m²
- **Fassungsvermögen:** bis zu 40.000 Personen
- **Dachschmuck:** 135 Fialentürmchen und rund 3400 Marmorstatuen, die meisten aus dem 19. Jahrhundert

so kleine Muttergottes-Statue, die seit 1774 von ihrer Säule oben auf dem Domdach gütig über die Stadt schaut. Selbst Fußballfans besingen sie und das Aufeinandertreffen der beiden Mailänder Erstligaclubs wird Derby della Madonnina genannt (s. S. 54).

Kuriosum: Auf den Dachterrassen gibt es an einem kleinen Türmchen auch in Stein gehauene Kampfszenen des italienischen Boxweltmeisters Primo Carnera (1906–1967) aus den 1930er-Jahren zu bestaunen!

Als 1932 die letzten Feinarbeiten an der Fassade abgeschlossen wurden, hatte man übrigens längst mit der **Restaurierung älterer Bauteile** begonnen. Diese werden natürlich nie zum Abschluss kommen, da die Witterung, Abgase und Erschütterungen dem Prunkbau permanent zusetzen. Die Erhaltung des Doms wird mit der Veneranda Fabbrica del Duomo di Milano von derselben „Fabrik" betrieben, die auch für seine Errichtung verantwortlich war.

› Tel. 02 36169341, www.duomomilano.it, tgl. 9–19 Uhr (Dom und Domterrassen), letzter Einlass 18.10 Uhr, Ticketverkauf gegenüber der Südseite des Doms (Nummer ziehen für den Schalter, oft Wartezeit, Ticket-Automat vorhanden)
› **Eintritt:** In den Dom kommt man nicht gratis. Ausnahme: Zum Beten und Beichten kann ein abgegrenzter Bereich über einen separaten Eingang an der Südseite kostenfrei betreten werden. Für alle anderen Besucher gelten folgende Eintrittspreise (Kinder unter 6 Jahren stets frei): **Kombiticket Dom und Museo del Duomo** 8 € (erm. 4 €) – auch, wenn man nur in den Dom und gar nicht ins Dom-Museum möchte. Ausnahme: Ticket „DUOMO only" nur Mi 7 € (erm. 3,50 €), da das Dom-Museum an diesem Tag geschlossen hat. **Domterrassen** per Treppe (Gate 1) 16 € (erm. 8 €), per Lift 22 € (erm. 11 €) und als „Fast Track" per Lift (10–17 Uhr) 24 € (erm. 12 €). Es existieren weitere (Kombi-)Angebote mit grundsätzlich steigenden Preisen, abhängig davon, wie bequem und ausgefallen die Dom-Besichtigungserfahrung sein soll (für Einzelheiten siehe https://ticket.duomomilano.it/en/biglietti). Bestimmte Kombitickets sind 72 Std. gültig. Diverse Specials, z. B. Familientickets, Augmented-Reality-Touren, kostenpflichtige Audioguides, Gruppenführungen etc.
› **Tipp:** Wer sein **Ticket via Website** oder über andere Anbieter gegen Aufpreis online erwirbt, erspart sich zumindest die Wartezeiten am Schalter. Beim Onlineerwerb sind Tag und Uhrzeit des Besuchs festzulegen.

KURZ & KNAPP

Der Gehäutete

Wer sich innen Richtung Chorumgang auf der rechten Seite hält, kommt an einer von Besuchern viel beachteten **Statue des heiligen Bartholomäus** vorbei. Das Besondere an dieser Arbeit des Künstlers Marco d'Agrate von 1562 ist, dass die Statue einen Mann ohne Haut zeigt – ein bemerkenswertes Zeugnis frühneuzeitlicher Anatomiekenntnisse! Hintergrund: Der Legende nach soll der heilige Bartholomäus als einer der 12 Apostel Jesu unter anderem in Indien und Armenien gepredigt haben. Das erwies sich als Fehlschlag: Die skeptischen „Locals" sollen ihm bei lebendigem Leibe die Haut abgezogen und ihn anschließend mit dem Kopf nach unten gekreuzigt haben. **Leonardo da Vinci** hat ihn auf seinem berühmten Wandgemälde „Das letzte Abendmahl" (24) ganz links positioniert. Falls Sie wissen möchten, wo der Dom-Bartholomäus seine Haut hat: Sie bildet das lässige Cape, das er um Schulter und Hüfte geschwungen trägt (Foto S. 131).

› **Hinweise:** Lifte auf die Domterrassen *(terrazzi)* befinden sich an der Nordseite (Gate 2) bzw. südöstlichen Ecke (Gate 3) des Doms. Wer mit Shorts, Minirock oder unbedeckten Schultern erscheint, wird nicht eingelassen bzw. dazu angehalten, an Ort und Stelle einen wenig kleidsamen Umhang zu erwerben. Taschenkontrolle beim Eintritt. Toiletten (1 €, tgl. 10–18 Uhr geöffnet) an der Südseite rechts neben dem „Fast-Track-Guided-Tours-Meeting Point".

2 Galleria Vittorio Emanuele II ★★★ [E4]

Eine hoch aufragende Luxus-Einkaufspassage, die im heißen italienischen Sommer schön kühl bleibt und auch in der kalten Jahreszeit vor der Witterung schützt: In Mailands weltberühmter Galleria gleich neben dem Domplatz ist zwar alles etwas teurer, dafür ist das Ambiente in der „Mutter aller Einkaufspassagen" zeitlos schick.

Die auch *Il salotto* („Der große Salon") genannte 200 Meter lange „Kathedrale des Kommerzes" wurde zwischen 1865 und 1877 errichtet. Zwischen Dom 1 und Scala 9 besteht sie aus zwei sich kreuzenden Galerien, die von einem **imposanten Glasdach** überspannt werden. Am Schnittpunkt befindet sich ein großer achteckiger Platz *(ottagono)*, der von einer herrlichen, 47 Meter hohen Kuppel überspannt wird.

Die beiden Portale an den Längsseiten sind in der Art von **Triumphbögen** ausgeführt. Typisch für das Mailand des 19. Jahrhunderts sind die **Fassaden** im eklektizistischen Stil mit reichlich Ornamenten, Ranken, Figuren und ähnlichen dekorativen Elementen gehalten.

Wer im Zentrum der Galleria den Kopf in den Nacken legt, bewundert hoch oben direkt unter der mächtigen Stahl- und Glaskonstruktion großflächige **allegorische Darstellungen** der Erdteile Afrika, Amerika, Asien und Europa. Gemalt wurden die halbmondförmigen Bilder im Jahr 1910. Die großen **Fußbodenmosaiken** direkt unter der Riesenkuppel wurden 100 Jahre nach der Eröffnung der Passage angelegt und zeigen das Wappen des Königsgeschlechts der Savoyer umgeben von den Wappen der Städte Rom (Wölfin), Florenz (Schwertlilie), Turin (Stier) und Mailand (rotes Kreuz auf weißem Grund).

Die Galleria ist fast durchweg mit sehr **schicken Boutiquen** bestückt. Unter anderem finden sich Filialen von Prada, Gucci und Vuitton. Neben den Edel-Shops gibt es hier auch eine ganze Reihe bekannter **Restaurants** bzw. **Bars,** darunter das Savini und das Camparino (s. S. 79), die Bar, die sich der Erfindung des Bittergetränks Campari rühmt.

KURZ & KNAPP

Mailänder Aberglaube

Es soll Glück bringen, dem **Stier** im Turiner Stadtwappen **auf die Hoden zu treten** und sich mit dem Fuß dort verharrend dreimal um die eigene Achse zu drehen (siehe Fotos rechts). Da es sich bei Turin just um die Stadt handelt, mit der Mailand seit Jahrhunderten in Konkurrenz steht, macht es nicht nur Touristen, sondern auch Mailändern große Freude, diese Übung zu absolvieren. Das täglich tausend Mal mit viel Engagement wiederholte Kunststück sorgt übrigens dafür, dass sich an der Stelle, an der einmal die Weichteile des stolzen Stiers prangten, ein faustgroßes Loch auftut. Fahrende Musikanten und Artisten sollen den kuriosen Brauch um 1900 begründet haben.

081ma Abb.: js

082ma Abb.: js

Zahlungskräftige Mailand-Reisende können in der Galleria auch besonders gediegen logieren: Für das **Luxushotel Galleria Vik Milano** (s. S. 126) reichen die fünf Sterne der üblichen Unterkunftsklassifizierung eigentlich nicht aus.

Giuseppe Mengoni, dem Bologneser Erbauer der Galleria, brachte sein Meisterwerk übrigens nicht nur Glück: 1877 starb er auf der Baustelle des grandiosen Komplexes. Heute erinnert eine kleine Gedenktafel neben dem Eingang an den begnadeten Architekten.

Am Nordende der Galleria können Fans des Künstlers und Erfinders Leonardo da Vinci eine Ausstellung zu Ehren des Jahrtausend-Genies besuchen: das **Museo Leonardo3 – Il mondo di Leonardo.** Der knallrot gestaltete Eingang liegt zur Piazza della Scala hin. Geboten werden unter anderem Modelle spektakulärer Erfindungen da Vincis wie etwa Waffen und ein riesiger mechanischer Adler. In Workshops erfahren die Besucher, wie erstaunlich weit Leonardo seinem Zeitalter voraus war.

Den Turiner Stier zu treten, ist ein beliebtes Ritual

› **Galleria Vittorio Emanuele II** (gesprochen „secondo" = „der Zweite"), durchgehend geöffnet, Eintritt frei

› **Museo Leonardo3 – Il mondo di Leonardo,** Piazza della Scala, Tel. 02 49519981, www.leonardo3.net, Eintritt zwischen 1 (Kinder bis 6 Jahre) und 14 € (diverse Ermäßigungen, z. B. für Familien), geöffnet tgl. 9.30–21 Uhr, Erklärungen auf Italienisch und Englisch, Audioguide auch auf Deutsch

Mein Tipp

Die Galleria als Wiege des Campari

Die Legende will, dass der bittere rote Stoff in den 1840er-Jahren von **Gaspare Campari** in der Galleria ersonnen wurde. Das streng geheime Rezept des Exportschlagers beinhaltet angeblich über 80 Zutaten, darunter jedenfalls Chinin, bittere Kräuter, Rhabarber und Ginseng. Wegen seines herben Geschmacks wird Campari nicht pur, sondern vorzugsweise als Longdrink getrunken. Beliebte Campari-Cocktails sind der „Americano" (mit Wermut und Soda) und der „Negroni" (mit Wermut und Gin). Besonders gediegen genießt man diese im **Camparino**, einer der berühmtesten Bars der Stadt, gleich am Eingang der Galleria (s. S. 79).

3 Palazzo Reale ★★ [E4]

Der „königliche Palast" südlich des Doms 1 ist Mailands Stadtschloss. Sein heutiges Erscheinungsbild bekam es im 18. Jh. unter der österreichischen Kaiserin Maria Theresia verpasst. Die klassizistische Front geht auf einen Entwurf von 1772 zurück.

1919 ging der Palazzo in das Eigentum des italienischen Staates über. Im Laufe der Geschichte amputierten ihm die Mailänder zweimal große Teile: Als der Domplatz geschaffen wurde, kappte man den Ostflügel der Anlage und in den 1930er-Jahren wurde wegen der Errichtung des Palazzo dell'Arengario an seinem westlichen Ende ein großes Stück geopfert.

Die Behebung der verheerenden **Brandschäden** nach den Bombenangriffen 1943 nahm man nur zögerlich und ohne schlüssiges Gesamtkonzept in Angriff. Seit der Jahrtausendwende wird bei Restaurierungsarbeiten behutsamer vorgegangen.

Der **westliche Teil** des Palazzo Reale wird regelmäßig für aufsehenerregende **Wechselausstellungen** genutzt.

Im Erdgeschoss des Palazzo Reale ist das **Museo del Duomo** (Dommuseum) untergebracht. Besucher können hier anhand von Skizzen und Original-Entwürfen die Baugeschichte des Doms studieren. Buntglasfenster, ein großes Dommodell aus Holz und wertvolle steinerne Artefakte runden die Ausstellung ab.

Hinter dem Palazzo befindet sich die alte Schlosskirche **San Gottardo in Corte** aus dem 14. Jahrhundert mit ihrem schön verzierten roten Glockenturm *(Campanile)*. Unmittelbar östlich des Stadtschlosses wartet der **Palazzo Arcivescovile** (Erzbischöflicher Palast) gegenüber der Südostecke des Doms in seiner 1570 vollendeten Gestalt mit einem schmucken Arkadenhof auf.

› **Palazzo Reale,** Piazza del Duomo, 12, Tel. 02 88445181, www.palazzorealemilano.it, Öffnungszeiten: Di–So 10–19.30 Uhr, Do bis 22.30 Uhr, Eintritt 14 € (erm. ab 6 €)

› **Museo del Duomo,** Piazza del Duomo, 12, www.duomomilano.it → Culture and Art, Do–Di 10–19 Uhr. Bei den Kombitickets für den Dombesuch (s. S. 17) ist der Eintritt ins Dom-Museum stets inbegriffen. Dieser umfasst auch die Besichtigung der Schlosskirche San Gottardo in Corte.

4 Museo del Novecento ★★ [E4]

Das Museo del Novecento ist der Kunst des 20. Jahrhunderts gewidmet. Untergebracht ist es an der Südseite des Domplatzes im linken Teil des marmorverkleideten **Palazzo dell'Arengario.** Dieser in der Mitte gespaltene Palazzo mit extrem hohen Fenstern stammt aus der Zeit des faschistischen Regimes in den 1930er-Jahren.

Durch die Zweiteilung der beiden dreistöckigen, außen spärlich dekorierten Gebäude entsteht der vage Eindruck eines Stadttors. Das Innere des linken Baus wurde zu Beginn des 21. Jahrhunderts aufwendig umgebaut. Seitdem können dort mehrere Hundert Werke zeitgenössischer Kunst bewundert werden, darunter Werke des **italienischen Futurismus**, aber auch des **Kubismus** und der **Arte Povera** (wörtlich: „arme Kunst"). Prominente im Museo del Novecento vertretene Künstler sind beispielsweise Balla, De Chirico, Marino Marini, Lucio Fontana und natürlich Umberto Boccioni (s. S. 22). Weltberühmt ist das großformatige Gemälde „Il Quarto Stato" („Der vierte Stand") von Giuseppe Pellizza da Volpedo. Regelmäßig heben **Sonderausstellungen** die Arbeiten einzelner Kunstschaffender besonders hervor.

Die beiden Gebäudeteile des Palazzo dell'Arengario werden durch die zur Piazza Diaz führende **Via Guglielmo Marconi** getrennt. Diese liegt fast auf einer Linie zum Ausgang der Galleria Vittorio Emanuele II 2 auf der anderen Seite des Domplatzes.

Nur ein wenig südöstlich der Piazza Diaz wundert man sich über die sonderbare architektonische Laune, die hinter dem **Torre Velasca** von 1958 steckt: Das 99 Meter hohe Bürohochhaus hat eine gewisse Ähnlichkeit mit einem mittelalterlichen Wachturm, d. h. die oberen Etagen ragen rundum in der Art eines Pilzkopfes deutlich über die unteren hinaus. Architekten sprechen vom Stilmittel der „Auskragung". Speziell beim Torre Velasca

Buntes Treiben auf dem Domplatz

070ma Abb.: js

Italienischer Futurismus

Der italienische Kunststil Futurismus hatte eine seiner Keimzellen im Mailand des Jahres 1909. In diesem Jahr veröffentlichte Filippo Tommaso Marinetti (1876–1944), Mastermind hinter der Bewegung, sein „Futuristisches Gründungsmanifest". Die avantgardistische Bewegung wollte nicht nur ein neues Kunstverständnis, sondern gleich eine neue Kultur begründen. Berühmt wurde Umberto Boccioni (1882–1916) mit seiner Skulptur „Einzigartige Formen der Kontinuität im Raum" („Forme uniche della continuità nello spazio") von 1913, deren Abbild auch die italienische 20-Eurocent-Münze ziert. Die Figur porträtiert die verstörende Gleichzeitigkeit von Schwere und Leichtigkeit einer raumgreifend voranschreitenden Figur.

soll diese an das Vorbild des Torturms Torre del Filarete des Castello Sforzesco 19 angelehnt sein. Das merkwürdige Gebäude wird der Architekturepoche des Brutalismus zugerechnet, erinnert unter anderem an die russische Botschaft in Havanna und steht seit 2011 unter Denkmalschutz.

› **Museo del Novecento**, Piazza Duomo, 8, Tel. 02 88444061, www.museodelnovecento.org, Eintritt 5 €, ermäßigt 3 €, geöffnet Di–So 10–19.30 Uhr, Do bis 22.30 Uhr

5 Chiesa di San Bernardino alle Ossa ★ [F5]

Die dem heiligen Bernhardin von Siena geweihte Kirche zählt zu Mailands skurilsten Sehenswürdigkeiten. Ihre Bekanntheit verdankt sie nämlich den Unmengen an menschlichen Gebeinen, die man hier seit Jahrhunderten hortet. Ihr **Beinhaus** *(ossuario)*, also der Raum, in dem Totenschädel und andere Skelettteile als makabre Deko-Elemente Verwendung finden, führt Besuchern ihre irdische Vergänglichkeit schonungslos vor Augen.

Ein engelreiches **Fresko** aus dem 17. Jahrhundert ziert das Deckengewölbe und auch an der **Barockdekoration** hat man nicht gespart. Die Fassade wurde 1776 vollendet.

› Piazza Santo Stefano, www.sanbernardinoalleossa.it, geöffnet Mo–Fr 8–18, Sa 9.30–18, So 9.30–12 Uhr. **Sonntags ist das Beinhaus geschlossen.**

⊡ Brunnen auf der malerischen Piazza dei Mercanti

6 Chiesa di Santa Maria presso San Satiro ★ [E5]

Die äußerlich eher unscheinbare Kirche wurde Ende des 15. Jahrhunderts von **Donato Bramante** im Auftrag der Sforza errichtet. Bei den Stuckarbeiten im Innern haben die Baumeister definitiv nicht gegeizt. Der **Glockenturm** *(campanile)* soll rund 1000 Jahre alt sein.

Berühmt geworden ist die Kirche für ein **illusionistisches Gemälde,** das ihrem Chor eine perspektivische Tiefe verleiht, die er tatsächlich gar nicht hat. Bramante ist es hier gelungen, 90 Zentimeter durch künstlerische Finesse wesentlich tiefer wirken zu lassen. Unbefangene Betrach-

KURZ & KNAPP

Bramante – Architekturgenie der frühen Neuzeit

Der italienische Baumeister Donato Bramante (1444–1514) gilt als **Begründer der Hochrenaissance-Architektur.** Bekannteste Schöpfung des Meisters ist der Neubau des Petersdoms mit seiner spektakulären Kuppel. Den Abschluss der Arbeiten erlebte er allerdings nicht mehr. In Mailand hat er sich nicht nur mit dem Bau von Santa Maria presso San Satiro 6, sondern auch mit der Konzeption von Chor und Kuppel der Basilica di Santa Maria delle Grazie 24 verewigt.

025ma Abb.: js

ter meinen, einen richtigen Chor mit hübscher Kassettendecke vor Augen zu haben. Wer es nicht glauben mag, macht die Probe und schaut sich den (Schein-)Chor am Kopfende der Kirche erst vom Eingang her an und dann aus unmittelbarer Nähe, am besten von der Seite!

Der mit namensgebende heilige Satyrus war übrigens ein Bruder von Mailands „Superbischof" Ambrosius (s. S. 45).

› Via Torino, 17/19, Öffnungszeiten variieren

7 Piazza dei Mercanti ★★ [E4]

Gebäude aus dem Hochmittelalter prägen den „Platz der Kaufleute" und seine Umgebung. Hier können Besucher die Atmosphäre des alten Mailänder Zentrums genießen. Abgesehen davon ist es hier im Hochsommer kühler als auf dem dann sonnendurchglühten Domplatz gleich daneben.

Lange bevor sich das Zentrum Richtung Domplatz verschob, schlug hier im Hochmittelalter das Herz der Stadt. Kaufleute handelten mit Waren aller Art, es wurde Recht gesprochen, Handwerker und Dienstleister boten ihre Fertigkeiten und ihr Know-how an.

Mitten auf der Piazza dei Mercanti steht heute der im Jahr 1233 als Rathaus und Gerichtshalle fertiggestellte **Palazzo della Ragione** – bis 1770 Sitz der Mailänder Stadtverwaltung. Ein steinernes Reiterstandbild seines Erbauers Oldrado da Tresseno, in Personalunion erster Bürgermeister der aufstrebenden Stadt, schmückt eine Rundbogennische an der südlichen Außenwand des wuchtigen spätromanischen Backsteinbaus. Mittelalterliche Händler bauten ihre Stände vorzugsweise unter den Palazzo-Arkadenbögen auf. Eine Besichtigung des von der Bevölkerung auch *broletto* genannten Baus ist grundsätzlich nur nach Voranmeldung möglich (Tel. 02 0202). Gerne wird der große Saal im ersten Stock für Fotoausstellungen und andere Events geöffnet.

An der Nordseite des Platzes ist der 1568 fertiggestellte, manieristische **Palazzo dei Giureconsulti** („Palast der Rechtsgelehrten") schon wegen seines markanten Turms und des herrlichen Portikus nicht zu übersehen. An der Südseite befindet sich schließlich die gotische **Loggia degli Osii** aus dem frühen 14. Jahrhundert. Ihre Fassade aus weißem und schwarzem Marmor kontrastiert mit den Gemäuern der Umgebung. Vom Balkon wurden im Mittelalter Gerichtsurteile und Mitteilungen der Stadtverwaltung verlesen.

Der 1645 vollendete **Palazzo delle Scuole Palatine** schmückt sich mit einem schönen Stadttor in mittelalterlichem Stil. Davor, ziemlich genau in der Mitte des Karrees, befindet sich ein pittoresker Brunnen.

Was Freunde mittelalterlichen Ambientes graust, erfreut Fast-Food-Fans: Eine weltweit bekannte Burgerkette darf einige überdachte Tische neben dem kleinen Durchgang *(passagio)* zur Via Orefici aufstellen.

8 Palazzo dell' Ambrosiana ★★ [E4]

Südwestlich der Piazza dei Mercanti 7 nimmt der Ambrosianische Palast einen ganzen Block ein. In dem auch äußerlich beeindruckenden Gebäude sind seit Jahrhunderten eine Pinakothek (Pinacoteca Ambrosiana) und eine Bibliothek (Biblioteca Ambrosiana) untergebracht.

Benannt ist der Palast aus dem frühen 17. Jahrhundert nach Kirchenvater **Ambrosius von Mailand** (s. S. 45). Schon bald nach Errichtung des Komplexes im Jahre 1602 und lange vor seiner Erweiterung im 19. Jahrhundert entwickelte er sich zu einem wissenschaftlichen und kulturellen Zentrum Italiens.

Pinacoteca Ambrosiana

Die Pinakothek ist ein Museum von Weltrang. 1618 gegründet, beherbergt die **Gemäldegalerie** heute unter anderem Werke von Botticelli, Caravaggio, Raffael, Tiepolo und Tizian. Einige niederländische Meister sind auch vertreten. Besonderes Highlight der Sammlung ist Leonardo da Vincis auf die Zeit um 1485 bis 1490 datiertes Werk „Bildnis eines Musikers". Die Identität der dargestellten Person ist ungeklärt.

Biblioteca Ambrosiana

Eröffnet am Ambrosiustag (7. Dezember) 1609, verzeichnet die an die Pinakothek angeschlossene **Ambrosianische Bibliothek** mittlerweile über 1 Million Medientitel. Berühmt ist sie vor allem für ihre Sammlungen von Zigtausenden mittelalterlichen Schriften und anderen wertvollen Dokumenten wie Zeichnungen, Grafiken und Urkunden. Natürlich gibt es längst auch eine *Biblioteca Digitale.*

Die Gründung der Einrichtung geht auf eine **Initiative des Kardinals Federico Borromeo** zurück – ein für einen Kirchenmann in der damaligen Zeit sehr ungewöhnliches Ansinnen. Kardinal Borromeo ließ eine umfangreiche Sammlung von Handschriften anlegen, darunter auch seltene und exotische Handschriften, zu deren Erwerb er Aufkäufer nach Griechenland und in den Orient sandte. Im Laufe der Jahrhunderte kamen Münzen aus aller Welt und eine erlesene archäologische Sammlung dazu. Zu den wichtigsten Stücken zählen Teile der **„Ilias Ambrosiana"**, eine großformatig illustrierte Handschrift von Homers „Ilias", die um 500 im ägyptischen Alexandrien entstand, **eigenhändige Niederschriften** von Petrarca, Boccaccio, Galileo Galilei, Alessandro Manzoni und über 1000 Bögen des sogenannten **„Codex Atlanticus"** mit rund 2000 Zeichnungen, Notizen und Studien zu u.a. Hydraulik, Optik, Anatomie, Architektur und Astronomie von Leonardo da Vinci, die als zwölfbändiges Werk in einem Buchkasten aus Bergkristall und Lapislazuli aufbewahrt werden.

Im Laufe der Zeit wurde die Bibliothek von einer Reihe bedeutender Gelehrter geleitet. **Chefbibliothekar** war zum Beispiel auch Giuseppe Ripamonti, dessen Beschreibung der Pestepidemie im Mailand des 16. Jahrhunderts Vorlage für Alessandro Manzonis berühmten Roman „Die Brautleute" („I promessi sposi", s. S. 28) war.

› **Biblioteca Pinacoteca Ambrosiana,** Piazza Pio XI, 2, Tel. 02 806921, www.ambrosiana.it, Eintritt 15 € (ermäßigt ab 5 €), Audioguide 3 €, mit Einweg-Kopfhörern 4 €, geöffnet Do–Di 10–18 Uhr (Pinacoteca) bzw. Mo–Fr 9–17 Uhr (Biblioteca)

9 Teatro alla Scala ★★★ [E4]

Die Scala gehört seit Jahrhunderten zu den berühmtesten Opernhäusern der Welt. Die hier alljährlich am 7. Dezember, dem Ehrentag des Mailänder Stadtpatrons (s. S. 45), mit viel Tamtam zelebrierte Eröffnung der Theatersaison ist ein besonderes Highlight in Europas Kulturkalender.

Eröffnet wurde „La Scala" nach weniger als vier Jahren Bauzeit am 3. August 1778 mit einer Oper von Antonio Salieri. Die Oper ersetzte das abgebrannte Theater, das zuvor an derselben Stelle gestanden hatte. Finanziert wurde das Prestigeprojekt von der reichen Mailänder Oberschicht. Im Gegenzug sicherte sich die feine Gesellschaft die Logen.

Ihren Namen verdankt die Scala übrigens der im 14. Jahrhundert erbauten kleinen **Kirche Santa Maria della Scala** (wörtlich: „Heilige Maria von der Stiege"), die hier im Hochmittelalter stand. Den Mailändern war ein innenstadtnah gelegenes Opernhaus lieber gewesen und sie hatten

Historische Straßenbahn vor dem Teatro alla Scala

026ma Abb.: js

Giuseppe Verdi – Scala-Superstar

Ein schönes Beispiel für eine eklatante Experten-Fehleinschätzung: Im Jahr 1832 lehnte das Konservatorium in Mailand Verdis Bewerbung für die renommierte Musikhochschule ab. Heute, weit über 100 Jahre nach seinem Tod im Jahre 1901, gehören viele von Giuseppe Verdis Werken zum Kernrepertoire großer Häuser rund um den Globus.

Der Komponist ist zwar kein gebürtiger Mailänder, wird aber für immer mit der Stadt verbunden sein, denn der 1813 bei Parma als Sohn eines Gastronomen und Landwirts geborene Musiker ließ sich von dem frühen Fehlschlag bei den honorigen Herren vom Konservatorium nicht entmutigen und brachte bereits als 26-Jähriger seine Oper „Oberto conte di San Bonifacio" an der Mailänder Scala zur Aufführung – ein früher Publikumserfolg! Von kleinen Dellen abgesehen, steigerte sich sein Renommee von nun an kontinuierlich. Seinen Weltruhm begründete dann „Nabucco" aus dem Jahr 1842. Die Opern-Trilogie „Rigoletto" (1851), „Il trovatore" („Der Troubadour", 1853) und „La Traviata" (1853) gilt als Verdis Meisterwerk und festigte sein internationales Prestige. Noch heute gehören die drei Stücke zu den weltweit beliebtesten Opern, allerdings gelten die Stücke, die er als über 70-Jähriger schuf, darunter „Don Carlos" und „Otello", als „reifer". Verdis „Falstaff" ist für viele die bedeutendste komische Oper überhaupt. Sie wurde 1893 in der Scala uraufgeführt – so wie in dem halben Jahrhundert davor bereits neun andere Werke des Komponisten. Allen gemeinsam: Sie verleihen grundlegenden menschlichen Emotionen auf meisterhaft zeitlose Weise lebendigen Ausdruck.

Verdis letztem Willen entsprechend wird aus seinem Vermögen noch heute das an der Piazza Buonarroti gelegene Seniorenheim Casa di Riposo per Musicisti für mittellose Musiker finanziert. In der dazugehörigen Gruft ist Verdi auch bestattet. Auf die Frage, was seiner Meinung nach sein größtes Werk sei, soll er übrigens geantwortet haben: „Das Altersheim in Mailand".

Buchtipps

- **„Giuseppe Verdi: Genie der Oper"** von John Rosselli, C.H. Beck, 2013. Die fast 300 Seiten starke Biografie befasst sich packend und realistisch mit Leben und Schaffen des großen Künstlers. Privaten Angelegenheiten wird breiter Raum gegeben.
- **„Verdi – La Traviata"** von Silke Leopold, Henschel, 2013. Eine kompakte und kenntnisreiche Einführung in Verdis vielleicht bekanntestes Werk. Die ergreifende Geschichte der todgeweihten Kurtisane Violetta wurde 1853 uraufgeführt und zählt zu den erfolgreichsten Opern der Musikgeschichte.

das gotische Kirchlein kurzerhand abgerissen.

So schlicht die klassizistische Fassade des Opernhauses wirkt, so fantastisch präsentiert sich sein **rot-goldenes Interieur.** Die eleganten Logen gehen über sechs Etagen. Insgesamt bietet die Scala Platz für 2800 Zuschauer und die Akustik gilt in Fachkreisen als sensationell.

Wer „La Scala" sagt, denkt meist auch an zwei Ikonen der Operngeschichte, nämlich an den Komponisten **Giuseppe Verdi** und die geniale

Sopranistin **Maria Callas.** Auch die Komponisten Bellini, Rossini und Donizetti haben hier große Triumphe gefeiert und Stücke von Richard Wagner kamen und kommen beim verwöhnten Mailänder Publikum ebenfalls gut an. Zu Beginn des 21. Jh. sorgte der Schweizer Architekt **Mario Botta** durch Umbauten und Erweiterungen dafür, dass die Scala auch in Sachen **Bühnentechnik** für einige Zeit die modernste Oper der Welt sein sollte.

Das im linken Nebengebäude des Theaters untergebrachte **Museo Teatrale alla Scala** gewährt Besuchern mit einer theatergeschichtlichen Sammlung Einblick in die spannende Geschichte der Scala. Dabei helfen nicht nur die diversen Schaukästen, Porträts, Büsten und Fotos, sondern auch alte Theaterprogramme, Entwürfe früherer Bühnenbilder und eine Sammlung historischer Musikinstrumente.

› Piazza della Scala, Tel. 02 72003744 (Mo–Sa 12–18), www.teatroallascala.org, www.teatroallascala.org/it/biglietti.html (Tickets), Kasse am Theatergebäude (Box Office): Mo–Sa 12–18 Uhr, außerdem – auch So und feiertags – zwei Stunden vor Abendveranstaltungen. Scala-Tickets sind zudem in autorisierten Verkaufsstellen (Liste auf der Website) erhältlich.
› **Tipps:** Für manche Vorstellungen gibt es einige Stunden vor Beginn Wartelisten für begehrte Restplätze auf der Galerie. Manchmal erhält man noch kurzfristig Karten vor Ort („Evening Box Office").
› Auf der Website findet sich der Link zu einer nützlichen App (s. S. 113) und auch Infos zu Specials wie dem **„Pass UNDER30"** für unter 30-Jährige und Vorstellungen speziell für Kinder.
› **Museo Teatrale alla Scala,** Largo Ghiringhelli, 1, Ecke Piazza della Scala, Tel. 02 88797473, www.museoscala.org (auch auf Deutsch), geöffnet tgl. 9.30–17 Uhr, Eintritt 12 € (erm. 8 €), „Virtual Reality Experience" zusätzlich 3 €, Booklet 15 € (auch auf Deutsch). Es besteht auch die Möglichkeit, **geführte Touren** durch das Museum zu buchen. Zudem kann man die Theaterwerkstätten im Südosten Mailands im Rahmen einer Führung besichtigen:

O1 [A7] **Laboratori Scala Ansaldo,** Via Bergognone 34, www.museoscala.org/it/visita/visite-guidate-ai-laboratori-scala-ansaldo.html, Führungen (auf Italienisch und Englisch, mind. 4 Personen) Di und Do, Dauer: 60–75 Min., Preis: 25 € p. P., Online-Buchung mind. zwei Tage im Voraus

10 Palazzo Marino ★ [E4]

Wer durch den Haupteingang der Scala 9 ins Freie tritt, schaut an einer eindrucksvollen, 1872 in der Mitte der Piazza della Scala aufgestellten **Statue Leonardo da Vincis** (die kleineren zu Füßen des Meisters gruppierten Figuren sind vier seiner Schüler) vorbei auf die Fassade des gegenüberliegenden **Palazzo Marino.** Der 1560 fertiggestellte manieristische Palazzo dient heute der **Stadtverwaltung** *(Municipio)* als repräsentativer Sitz. Ungewöhnlich: Die Hauptfassade lag bis zum Ende des 19. Jh. auf der gegenüberliegenden Seite. 1892 wurde das Gebäude sozusagen gedreht und erst seit dieser Zeit „schaut" es Richtung Teatro alla Scala. Im Gebäude finden regelmäßig Kunstausstellungen statt.

Direkt hinter dem Palazzo Marino steht die Jesuitenkirche **San Fedele** (Baubeginn 1569, https://parrocchiasanfedele.gesuiti.it) an der gleichnamigen Piazza und mitten auf dem Platz eine **Statue zu Ehren von Alessandro Manzoni.** Das in ein Museum umgebaute Wohnhaus des berühmten Literaten 11 befindet sich ganz in der Nähe.

Nordöstlich des Zentrums

Zwischen dem Domplatz und den Giardini Pubblici Indro Montanelli entdecken Besucher kunsthistorische Schätze in den Museen Poldi Pezzoli und Bagatti Valsecchi und erfahren im Modeviertel Quadrilatero d'oro, was den besten Designern der Welt zuletzt Neues und Teures eingefallen ist.

11 Casa di Manzoni ★ [E3]

Das im 18. Jahrhundert errichtete Manzoni-Haus ist zwar nicht das äußerlich bemerkenswerteste Gebäude der Umgebung, dafür aber hat das Innere etwas ganz Besonderes zu bieten, denn hier können der Salon, das Arbeits- und das Sterbezimmer des Nationaldichters **Alessandro Francesco Tommaso Manzoni** (1785–1873) besichtigt werden.

Nachdem er 1814 eingezogen war, entstand hier auch sein mit Abstand bekanntestes Werk, **„Die Brautleute"** („I promessi sposi") von 1827, das als erster moderner Roman Italiens gilt. Die Casa di Manzoni stellt die Original-Manuskripte und andere Dokumente des Schriftstellers aus. Manzonis Grabstätte ist übrigens eine der Hauptattraktionen des Cimitero Monumentale 33.

› Via Gerolamo Morone, 1, Tel. 02 86460403, www.casadelmanzoni.it, geöffnet Di–Fr 10–18, Sa 14–18 Uhr, Eintritt 8 €, ermäßigt 5 €

MEIN TIPP

Die Brautleute

Eine unglückliche Verkettung von Unwägbarkeiten und Intrigen verhindert die Vermählung von Lucia und Renzo im Mailand des 17. Jh. Der 1827 erschienene, rund 900 Seiten starke Roman begründete den Ruhm Manzonis und gehört seit Generationen zur Pflichtlektüre italienischer Schüler. Für seine Fans wird ein vergangenes Zeitalter wieder lebendig. Die Hauptpersonen sind den meisten Italienern geläufig.

› **„Die Brautleute"** von Alessandro Manzoni, dtv, 2003 u. a.

12 Casa Museo Poldi Pezzoli ★★ [E3]

Schräg gegenüber der Casa di Manzoni 11 befindet sich ein Sehnsuchtsort für Fans erlesener Kunstschätze aus dem 14. bis 19. Jahrhundert. Das Zusammenspiel von Einrichtung und Artefakten macht es zu einem der schönsten Museen Mailands.

In den vornehmen Wohnräumen zweier zusammenhängender alter Patrizierpaläste wetteifern Werke von Botticelli, Mantegna, Canaletto und vielen anderen Künstlern um die Gunst des feinsinnigen Publikums. Als besonders **herausragende Schätze** gelten Mantegnas (1431–1506) „Porträt eines Mannes", Cranachs (1472–1553) „Luther mit Frau" und Piero del Pollaiuolos (1443–1496) „Bildnis einer jungen Frau im Profil". Dazu kommen mittelalterliche Teppiche, Gobelins, Waffen, Skulpturen, Juwelen, Murano-Glas, Porzellan und diverse Gerätschaften aus Bronze, Silber und allen anderen erdenklichen edlen Materialien. Besonders erwähnenswert ist auch die Uhrensammlung. Abgerundet wird der Kunstgenuss durch eine herrliche **Gartenanlage.**

Aber wem haben wir diese einzigartige Zusammenstellung von Schätzen zu verdanken? **Gian Giacomo Poldi Pezzoli** (1822–1879) musste sich dank reichlich vorhandenen Familienvermögens zeitlebens nicht mit so lästigen Dingen wie Arbeiten und Geldverdienen beschäftigen, umso intensiver widmete er seine üppige Freizeit dem Aufstöbern von Exponaten aus verschiedenen Epochen der Kunstgeschichte. Sein Hauptinteresse galt dabei der Renaissance und dem Barock. Aus ganz Europa ließ der besessene Sammler Kostbarkeiten herbeischaffen. Waren das zunächst vornehmlich Waffen, Uhren, Schmuck, Murano-Glas, Porzellan und anderer edler Schnickschnack, ließ er sich später auch Skulpturen, Gemälde und edle Möbel (16.–18. Jh.) besorgen.

Um für die Kollektionen **angemessene Räume** zu haben, durften zeitgenössische Künstler die Privatgemächer einschließlich seines sehenswerten Arbeitszimmers einrichten und luxuriös dekorieren. Die Stiftung, der er alles vermachte, öffnete die Residenz dem letzten Willen Poldi Pezzolis entsprechend bereits zwei Jahre nach seinem Tod der Öffentlichkeit.

› Via Alessandro Manzoni, 12, Tel. 02 794889/6334, www.museopoldipezzoli.it, Eintritt 14 €, ermäßigt ab 6 €, Kinder bis 10 Jahre frei, Audioguide 3 €, geöffnet Mi–Mo 10–18 Uhr

MEIN TIPP

Sammelkarte (biglietto cumulativo)

Die personalisierte **Case Museo Card** kostet 25 € (ermäßigt 15 €), ist ein Jahr gültig und berechtigt zum einmaligen Eintritt in die Casa Museo Poldi Pezzoli (12) und die drei anderen Case Museo („Hausmuseen") di Milano, wobei die Casa Boschi di Stefano als einzige der vier derzeit (2024) ohnehin kostenfrei besichtigt werden kann:

› **Museo Bagatti Valsecchi** (13)

M **2** [eh] **Casa Boschi di Stefano,** Via Giorgio Jan, 15, Tel. 02 88463614 und 02 88464748, www.casamuseoboschidistefano.it, geöffnet Di–So 10–17.30 Uhr

M **3** [G3] **Villa Necchi Campiglio,** Via Mozart, 14, Tel. 02 76340121, www.fondoambiente.it/luoghi/villa-necchi-campiglio, geöffnet Mi–So 10–18 Uhr. Villa im Stil der 1930er-Jahre mit großem Garten.

› **Allgemeine Infos** zum Zusammenschluss *(circuito)* der Mailänder Case Museo: www.casemuseo.it. Das Sammelticket kann in den beteiligten Hausmuseen und online erworben werden.

(13) Museo Bagatti Valsecchi ★ [F3]

Das ungewöhnliche Museum bietet seinen Besuchern eine **Zeitreise in das Leben zweier Mailänder Aristokraten.** Ende des 19. und zu Beginn des 20. Jahrhunderts gaben die wohlhabenden Brüder Fausto und Giuseppe ihrer ausgeprägten Sammelleidenschaft zügellos nach und ließen ihre zu einem Neo-Renaissancepalast umgebaute Familienresidenz Bagatti Valsecchi mit allem Schönen und Wertvollen bestücken, das sie in die Finger bekamen: Antiquitäten aus der auch damals schon lange vergangenen Renaissance-Zeit, Inventar aller Art, zum Teil auch aus noch älterer Zeit, Waffen, Keramik, Gemälde und vieles andere mehr trugen sie zu einer Art **Gesamtkunstwerk** zusammen, das seinesgleichen sucht und heute von jedermann besucht werden kann. Viele der Exponate stammen aus alten Palästen und säkularisierten Kirchen.

› Via Gesù, 5, Tel. 02 76006132, www.museobagattivalsecchi.org, Eintritt 12 €, ermäßigt 9 €, Kombikarte (s. oben), geöffnet Mi–Fr 13–17.45, Sa, So 10–17.45 Uhr

MEINE TIPPS

Delikatessen direkt vor Ort

Wer gut bei Kasse ist, kann in dem Palazzo, in dem das Museo Bagatti Valsecchi 13 untergebracht ist, auch fürstlich schlemmen. Vielen schmecken die Salami- und Schinken-Spezialiäten des Hauses im herrlichen Innenhof am besten.

› **Il Salumaio** €€, Tel. 02 76001123, www.ilsalumaiodimontenapoleone.it

Süßes von Cova

Ein Füllhorn an süßen Verlockungen in der Gesellschaft wohlhabender Zeitgenossen genießt man im Stammhaus der 1817 gegründeten Pasticceria Confetteria Cova. Der Gründer, Antonio Cova, war Soldat unter Napoleon.

4 [F3] **Pasticceria Confetteria Cova,** Via Montenapoleone, 8, Tel. 02 0276005599, www.pasticceria cova.com

14 Quadrilatero d'oro ★★ [F3]

Viele neue Modeschöpfungen sind als Erstes hier zu erhalten, dementsprechend kennt man das „Goldene Karree" auch als **Quadrilatero della Moda.** Fans der **Haute Couture,** die es sich leisten können, decken sich hier mit den Trends der letzten Modewoche ein. Denn wer durch das „Modeviereck" bei den parallel zueinander verlaufenden Straßen Via Montenapoleone und Via della Spiga und ihren Seitenstraßen schlendert, trifft auf engstem Raum auf eine ganze Flut **durchgestylter Läden** von Armani, Dolce&Gabbana, Prada, Trussardi, Louis Vuitton, Bulgari und allen anderen, die im globalen Fashion Business Bedeutung haben – oder daran arbeiten, diese zu erlangen. Dazu gesellen sich **Ateliers** der Extraklasse.

Wer hier shoppen möchte, findet auf S. 85 weitere Infos. Es macht natürlich auch Spaß, einfach nur die Schaufenster und das oft sehr illustre Publikum zu „besichtigen". Manche Kunden fahren standesgemäß im Sportwagen oder mit einer edlen Limousine vor. Abends werfen viele der Edelboutiquen ihre ausgefeilte Schaufensterbeleuchtung an. Den krönenden Abschluss der Shoppingfreuden könnte eine Einkehr bei Cova (s. links) bilden – Konditorei, Delikatessengeschäft und Kaffeehaus in einem.

15 Giardini Pubblici Indro Montanelli ★★ [G2]

Die „Öffentlichen Gärten" sind Mailands zweiter großer Stadtpark neben dem Parco Sempione 20. Die gepflegte Anlage ist nach einem der berühmtesten italienischen Journalisten des 20. Jh. benannt. Besucher stoßen am Südende auf die **Villa Reale,** in der heute die **Galleria d'Arte Moderna Milano** (s. S. 68) untergebracht ist. Gleich daneben stellt der **Padiglione d'Arte Contemporanea** (s. S. 70) zeitgenössische Kunst aus.

An der Westseite des Parks befinden sich das **Planetario di Milano Ulrico Hoepli** und das **Museo Civico di Storia Naturale** (s. S. 69) direkt am breiten Corso Venezia. Das Planetarium ist eines der größten Europas. Das Naturhistorische Museum gilt als bedeutendstes seiner Art in ganz Italien und begeistert seine Besucher u. a. mit Saurierskeletten und ausgestopften Vögeln. Außerdem gibt es eine geologische und eine mineralogische Abteilung.

› Die **Öffnungszeiten** des Parks wechseln mit den Jahreszeiten: Juni–September 6.30–23.30, Oktober–April 6.30–21, Mai 6.30–22 Uhr

★5 [G2] **Planetario di Milano Ulrico Hoepli,** Corso Venezia, 57, Tel. 02 88463340, www.comune.milano.it/planetario, www.lofficina.eu, Eintritt 5 €, ermäßigt 3 €, geöffnet Mo–Fr 9–12.20 und 13.30–16.50 Uhr. Viele Sonderveranstaltungen.

16 Piazza San Babila ★ [F4]

Auf der geräumigen Piazza San Babila laufen der Corso Venezia, vier weitere Corsos und einige kleinere Straßen zusammen. Bei all dem Trubel im Schatten der modernen Bürogebäude kommt die aus roten Backsteinen erbaute romanische **Kirche San Babila** nicht mehr so zur Geltung wie zur Zeit ihrer Errichtung am Ende des 11. Jahrhunderts. Der **venezianische Löwe** auf der Säule vor der Kirche soll schon seit 1626 Richtung Venedig schauen – der Stadt, deren Macht dann doch nie bis hierher reichte.

MEIN TIPP

Für Kirchenfans

Nicht weit von der Stelle, an der die Fußgängerzone in die Piazza San Babila 16 mündet, steht die Kirche **San Carlo al Corso,** ein wuchtiger, pantheonartiger Rundbau aus der ersten Hälfte des 19. Jahrhunderts, etwas zurückgesetzt am Corso Vittorio Emanuele II. Wer sich dem Trubel der umliegenden Shoppingbezirke für einige Zeit entziehen möchte, ist hier richtig.

★6 [F4] **San Carlo al Corso**

Elegante Geschäfte säumen den belebten Corso Vittorio Emanuele II, der die Piazza San Babila mit dem Domplatz verbindet.

› **Kirche San Babila,** Piazza San Babila, Tel. 02 76002877, www.sanbabila.org

Brera, Castello Sforzesco und Parco Sempione

Mailands grüne Lunge, eine Burg und ein Künstlerviertel mit Bohème-Flair – mit diesem ungewöhnlichen Dreiklang kann der Charme der Gegend im Norden und Nordwesten des „centro storico“ knapp zusammengefasst werden.

Brera ist nach wie vor eines der lebendigsten Szeneviertel der Stadt. Herrlich gepflasterte Straßen, kleine Gässchen, Kunstgalerien und Boutiquen sorgen an der **Via Brera** und in ihrer Umgebung schon seit Jahrzehnten für eine Art gehobene Bohème-Atmosphäre. Als populärste Aperitif-Bar gilt die Bar Brera (s. S. 76).

Auch Straßenmusiker und Open-Air-Entertainer fühlen sich hier wohl. Liedermacher mit Gitarre, Wahrsager, Tarot-Kartenkünstler und Straßenhändler buhlen um die Aufmerksamkeit der Passanten und Bar-Besucher. Top-Sehenswürdigkeit des Stadtteils ist die Pinacoteca di Brera – ein Gemäldeparadies ersten Ranges!

17 Pinacoteca di Brera ★★★ [E3]

Raffael, Luini, Caravaggio, Rubens, Rembrandt, van Dyck – das sind nur einige der italienischen und niederländischen Meister, deren Werke in dem barocken Palazzo di Brera im gleichnamigen In-Viertel ausgestellt werden.

Schon das Gebäude mit seinem sehenswerten Arkadenhof ist einen Besuch wert: Der Ende des 17. Jahrhunderts erbaute **Renaissancepalast** wurde ursprünglich als Jesuitenkon-

027ma Abb.: js

vent genutzt, aber nach dem Verbot des Ordens 1773 seiner neuen Bestimmung als Sitz der Accademia di Belle Arti zugeführt.

Die Bezeichnung „Brera" geht übrigens auf die in den Palazzo integrierte Kirche **Santa Maria di Brera** zurück, die einst einsam auf „Brachland" *(brayda)* stand, das heißt auf städtebaulich nicht erschlossenem Gebiet. Wenig bekannt: Das Wörtchen *brayda* – und damit auch „Brera" – geht auf denselben germanischen Ausdruck zurück, aus dem unser „breit" wurde.

Die Pinacoteca di Brera gilt als eine der **bedeutendsten Kunstsammlungen Italiens.** Als didaktische Sammlung für die Kunstakademie gegründet, ist sie heute im ersten Stock des Palazzo untergebracht. Viele Kunstfreunde kommen allein wegen der hier ausgestellten **Meisterwerke aus acht Jahrhunderten** nach Mailand. Den Schwerpunkt bilden Arbeiten aus dem 15. bis 19. Jahrhundert. Der Hauptschatz sind Werke norditalienischer Meister. Fast alle von Rang und Namen sind vertreten: Carpacchio, Corregio, Bellini, Bembo, Tizian und viele andere mehr. Auch El Greco ist zu finden, außerdem Francesco Hayez mit seiner sensationellen Arbeit „Der Kuss" von 1859. Im 20. Jahrhundert kamen unter anderem Arbeiten von Marino Marini, Giacomo Balla und Umberto Boccioni dazu.

Sehr sehenswert ist auch die Sammlung von **Fresken** aus diversen Kirchen, darunter auch welche von Bernardino Luini (um 1480–1532), glühender Verehrer Leonardo da Vincis. Überhaupt hat die Pinakothek die meisten Werke mit religiösem Hintergrund der Säkularisierung im 19. Jahrhundert zu verdanken.

Im **Innenhof** des Palazzos beeindruckt eine 1809 von Antonio Canovas geschaffene, über 3 Meter hohe und tonnenschwere Bronzestatue Napoleons. Sie zeigt den kleinen Korsen als friedensbringenden Gott Mars.

Direkt südlich der Pinacoteca schließt sich der im 18. Jahrhundert unter der Habsburgerin Maria Theresia angelegte **Orto Botanico** (Eintritt frei) an. Hier erholen sich Kunstfreunde vom Gemälde-Overkill in der Pinakothek. Danach könnte ein Aperitivo in der nahen Bulgari Hotel Bar (s. S. 82) den Tag abrunden.

› Via Brera, 28, Tel. 02 72105141 (Info-Hotline tgl. 9–18 Uhr), www.pinacotecabrera.org, **Onlineticket** via www.brerabooking.org empfehlenswert, Eintritt 16 €, ermäßigt 6–11 €, unter 18 Jahren frei, ab 65 Jahren Di und Mi 2 €, Audioguide 5 € (auch auf Deutsch), geöffnet Di–So 8.30–19.15 Uhr (Kassenschluss 18 Uhr), viele Sonderaktionen, z. B. freier Eintritt jeden ersten So im Monat (nur mit Voranmeldung). Im Abbonamento Musei Lombardia Valle d'Aosta (s. S. 110) enthalten.

MEIN TIPP

Abstecher in Italiens Geschichte

Das **Museo del Risorgimento** (s. S. 69) informiert über Entwicklung und Ablauf der Einigung Italiens vom Napoleonfeldzug 1796 bis zur Einbeziehung Roms in das Königreich Italien 1870. Exponate verschiedenster Art, darunter zahlreiche Original-Dokumente und Drucke, lassen diesen wichtigen Abschnitt der italienischen Geschichte lebendig werden. Nur einen Katzensprung von der Pinacoteca di Brera 17 entfernt ist das Museum im Ende des 18. Jh. fertiggestellten neoklassischen Palazzo Moriggia untergebracht.

18 San Simpliciano ★ [D2]

Die Kirche San Simpliciano steht ein wenig im Schatten von Mailands weit bekannteren Kirchenbauten, allen voran der Dom 1 und die Basilica di Sant'Ambrogio 27. Dabei ist sie untrennbar mit dem Namensgeber Letzterer verbunden. Denn **Kirchenvater Ambrosius** veranlasste ihren Bau im 4. Jahrhundert. Vollendet wurde er unter seinem Nachfolger, **Bischof Simplicianus.** Nach ihm ist das Gotteshaus auch benannt.

Die Grundmauern aus der frühchristlichen Zeit sind erhalten geblieben, allerdings stammt der heutige Bau im Wesentlichen aus dem 12. Jahrhundert. Glanzstück in seinem Innern ist das **Fresko der Krönung Mariens** auf der Apsis, eine zu Beginn des 16. Jahrhunderts ausgeführte Arbeit des italienischen Malers Bergognone (1453–1523). Die beiden schönen **Kreuzgänge** sind ein Hort der Ruhe und Entspannung.

Alljährlich am 29. Mai lässt man auf dem Vorplatz der Kirche **weiße Tauben fliegen.** Hintergrund dieses Brauchs ist eine Legende, derzufolge drei christliche Märtyrer in der Gestalt weißer Tauben eine mittelalterliche Schlacht gegen Kaiser Barbarossa zugunsten der Lombarden entschieden.

Die Besichtigung einer der ältesten Kirchen Mailands könnte mit einem Besuch des Acquario Civico 21 oder des Piccolo Teatro Strehler (s. S. 84) verbunden werden, denn beide befinden sich in unmittelbarer Umgebung.

› Piazza San Simpliciano, 7, Tel. 02 862274, www.sansimpliciano.it

19 Castello Sforzesco ★★★ [D3]

Das Kastell ist der touristische Hotspot im Nordwesten des Zentrums. Ab 1450 ließ Francesco Sforza die rote Anlage an genau der Stelle errichten, an der zuvor die deutlich unscheinbarere Burg der Familie Visconti stand. Leonardo da Vinci war an Details des Baus beteiligt.

◁ Im Innenhof der Pinacoteca di Brera 17

Musei Civici del Castello Sforzesco

Links und rechts der beiden prächtigen Innenhöfe des Castello ⑲ wartet ein buntes Sortiment an **Museen** auf Besucher. In mit Kunst weniger verschwenderisch gesegneten Städten wäre jede einzelne der Sammlungen eine beachtenswerte Sehenswürdigkeit. In Mailand reicht es nur für einen Platz im Mittelfeld.

- **Musei Archeologici:** Vor- und Frühgeschichte und Altes Ägypten
- **Musei d'Arte Antica:** vor allem Gemälde und antike Skulpturen
- **Musei delle Arti Decorative:** Schwerpunkt Waffen und Möbel, außerdem Keramik, Wandteppiche und viele andere dekorative Dinge mehr
- **Museo degli Strumenti Musicali:** Musikinstrumente. Mit Studio di Fonologia Musicale della Rai (Musik- und Tonstudio, 1955–1983)
- **Archivi e Biblioteche:** Gedrucktes und Handschriften

Zeitgenössische Spitzenarchitekten gaben der riesigen Zitadelle die quadratische Grundform mit den vier wuchtigen Ecktürmen. Der fast 70 Meter hohe Torturm mit Uhr, der **Torre del Filarete,** bildet den zur Stadtseite hin gelegenen Haupteingang der Festungsanlage. Er wurde 1905 nach dem Vorbild des originalen Turms von 1452 an derselben Stelle errichtet. Das Original war 1521 in die Luft geflogen, vermutlich ein Unfall mit einer größeren Menge Schießpulver. Die Baupläne gehen auf den innovativen Renaissance-Architekten und Namensgeber des Turms Filarete zurück.

Unter spanischer Herrschaft wurde die Anlage zu einer wuchtigen Bastion ausgebaut. Besucher können heute auch die **historischen Wehrgän-**

Im Innenhof des Castello

028ma Abb.: js

ge erkunden. Wer durch den Torre del Filarete spaziert, findet sich auf dem früheren Exerzierplatz, der Piazza d'Armi, wieder. Hier kann man das riesige Geviert des Innenhofes auf sich wirken lassen und dann an dessen gegenüberliegendes Ende bummeln, wo sich die Eingänge zu den **Museen** befinden.

Höhepunkte einer Besichtigung sind das **Fries des Stadttores Porta Romana** von 1171, das einen Visconti-Fürsten darstellende Reiterstandbild von Bonino di Campione (14. Jahrhundert) und die von Leonardo da Vinci in der Art einer Eichenlaube ausgemalte **Sala delle Asse.** Außerdem kann eine **Pinakothek** mit italienischer Malerei des 15. bis 18. Jahrhunderts besucht werden. Vertreten sind unter anderem die Meister Mantegna, Canaletto und Tiepolo. Dazu kommen noch Ausstellungen **antiker und ägyptischer Exponate,** eine der bedeutendsten **Musikinstrumentensammlungen** der Welt und **Kunsthandwerk** aus Keramik, Porzellan und anderem Material. **Bibliothek** und **Archiv** bewahren unzählige Handschriften, die bis ins 8. Jahrhundert zurückgehen, und frühe Druckwerke ab dem 16. Jahrhundert.

Zu den **künstlerischen Highlights** im Castello zählt die **„Pietà Rondanini"** – Michelangelos letzte, unvollendet gebliebene Marmorskulptur von 1564 in einem der kleineren Burgmuseen. Fast 2 Meter hoch zeigt sie Maria und den vom Kreuz abgenommenen Jesus in aufrechter Position. Der Künstler soll diese Arbeit für sein eigenes Grab vorgesehen haben und arbeitete noch im stolzen Alter von fast 90 Jahren an ihr. Auch für Laien ist leicht erkennbar, dass Michelangelo während des Schaffens eine völlige Umgestaltung vorgenommen

Filarete – seiner Zeit voraus

Antonio di Pietro Averlino (um 1400 bis um 1469) war ein italienischer Bildhauer, Ingenieur und Architekturtheoretiker der Renaissance. Er gab sich selbst den Namen **Filarete** (altgriechisch für „Tugendfreund"). Sichtbare Ergebnisse seiner praktischen Arbeit in der Lombardei sind unter anderem der nach seinen Plänen erbaute und auch gleich nach ihm benannte Torturm des Castello Sforzesco (19), der **Torre del Filarete,** und der **Dom von Bergamo** (Duomo di Bergamo, s. S. 63).

Filaretes umfangreiche theoretische Abhandlung „Trattato di architettura" (Architekturtraktat) entstand zwischen 1460 und 1464. In Form eines allegorischen Romans beschreibt er darin die ideale Renaissance Stadt Sforzinda. Seine mit einem sternförmigen Straßennetz versehene Musterstadt weist unter anderem auch einen zehnstöckigen Turm auf, in dem neben einem Bordell auch eine Sternwarte untergebracht ist. Außerdem werden in dem Traktat Fragen der Ausstattung von Häusern, der Einsatz von Baumaschinen, zeitgenössische Bautechniken und vieles andere mehr behandelt. Das Werk stieß zur Zeit Filaretes auf wenig Gegenliebe, dennoch wurden 1593 mit der Anlage der Stadt Palmanova (www.comune.palmanova.ud.it) südlich von Udine unweit der slowenischen Grenze einige Einfälle Filaretes umgesetzt – allerdings nicht das Konzept des vielseitig genutzten, zehn Etagen hohen Turms.

029ma Abb.: © Ivan Floriani, stock.adobe.com

hat und sogar Teile der Skulptur wieder zerstörte. Unter Kunsthistorikern umstritten ist die Frage, ob er das tat, um eine ursprüngliche Idee durch eine neue zu ersetzen, oder ob sich der Meister bloß verhauen hatte bzw. auf Materialmängel stieß.

Der Zusatz „Randonini" verweist darauf, dass sich die Skulptur bis 1953 im Privatbesitz einer Familie dieses Namens befand.

Wer die Burganlage von der Innenstadt kommend über den Torre del Filarete betritt und komplett durchschreitet, gelangt über eine den urigen Burggraben überspannende **Brücke** direkt in den Ende des 19. Jh. angelegten Parco Sempione 20.

› **Castello Sforzesco:** tgl. 7–19.30 Uhr (Durchquerung der Innenhöfe kostenfrei), **Museen:** Di–So 10–17.30 Uhr, Ticketshop bis 16.30 Uhr, Eintritt für alle Museen und Ausstellungen 5 € (erm. 3 €), unter 18 Jahren frei, Audioguide 5 €, Info-Hotline (Di–So 9.30–17.30 Uhr): 02 88463700, www.milanocastello.it

20 Parco Sempione ★★ [C2]

Die weitläufige Grünanlage diente zunächst als Lustgarten der Großherzöge, dann als Exerzierplatz und heute als Mailands Naherholungsziel Nummer eins. Seine aktuelle Erscheinung eines Stadtparks im Stile eines englischen Gartens mit fast 400.000 m² Fläche erhielt er Ende des 19. Jh.

In der warmen Jahreszeit ist hier immer etwas los. Jogger drehen ihre Runden auf den nach europäischen Dichtern benannten Kieswegen, Familien und Paare flanieren und finden Erholung und auf den Wiesen wird gerastet, gedöst, gepicknickt, Fußball gespielt oder anderen Sportarten nachgegangen.

Doch der Park bietet nicht nur Natur-, sondern auch **Kunstgenuss.** Wer nämlich nicht nur bummeln und am See faulenzen möchte, den erwarten im Parco Sempione eine ganze Reihe an locker zu Fuß erreichbaren Attraktionen. Von Ost nach West stehen bereit: das Acquario Civico 21,

MEIN TIPP

Im Herzen des Parks

Die **Bar Bianco** (s. S. 82) eignet sich für einen kurzen Zwischenstopp genauso gut wie für einen Umtrunk am Ende des Ausflugs in den Park. Zur Aperitivo-Zeit gibt es Häppchen.

die Arena Civica, das **Triennale di Milano** 22 und – Tipp des Autors – der Torre Branca 23. Am Ende einer gedachten Verlängerung des Haupteingangs der Burg erreicht man dann den mächtigen Triumphbogen Arco della Pace (s. S. 38).

› Was seine Öffnungszeiten angeht, kennt der Parco Sempione nur zwei Jahreszeiten: Mai–September: 6.30–23.30 Uhr, Oktober–April: 6.30–21 Uhr

21 Acquario Civico ★ [D2]

Steinerne Wasserpflanzen, Fische und andere Meeresbewohner zieren die Fassade des 1906 in der Ostecke des Parks errichteten **Jugendstilgebäudes.** 1906? War da nicht was? Genau, die erste Weltausstellung in Mailand. Ihre Organisatoren schenkten das **Aquarium** nach der damaligen Schau der Stadt und diese hält es bis heute in Ehren. Fans bunter Fische, Quallen und Korallen werden sich von den vielen Aquarien nur schwer wieder losreißen können.

Die 1805 in napoleonischer Zeit errichtete ovale **Arena Civica** gleich um die Ecke ist nur bei besonderen Veranstaltungen geöffnet, z. B. bei Radrennen und Rugby-Spielen.

› **Acquario Civico**, Viale Gerolamo Gadio 2, Tel. 02 88465750, www.acquariodimilano.it, Eintritt 5 € (erm. 3 €), geöffnet Di–So 10–17.30 Uhr, häufig Sonderveranstaltungen

› **Arena Civica**, Viale Giorgio Byron, 2, Tel. 02 0202 (Verwaltung)

22 Triennale di Milano ★★ [C2]

In der westlichen Hälfte der Parkanlage kann moderne Kunst bestaunt werden. Untergebracht ist das **Triennale Design Museum** im **Palazzo dell'Arte,** der für die Triennale 1933 errichtet wurde. Die Ausstellungen beschränken sich nicht auf **allerneueste Schöpfungen,** sondern zeigen auch **Klassiker modernen italienischen Designs,** darunter Moped-Modelle, Klappstühle, Lampen und Sitzsäcke.

Wechselausstellungen, eine spezialisierte Buchhandlung, eine Bibliothek und zwei Cafés mit schönem Außenbereich unter Bäumen machen den Kunstpalast zu einem beliebten Treff für Mailänder und Besucher der Stadt.

Das zur Triennale gehörende **Restaurant** ist in einer großen gläsernen Konstruktion auf dem Dach des Gebäudes untergebracht. Gäste genießen den Skyline-Fernblick von ihren Tischen im Glashaus oder von der breiten Terrasse davor.

Zu der Anlage gehören außerdem noch das **Triennale Milano Teatro** (s. S. 84) und der **Club Old Fashion** (s. S. 83).

› Viale Emilio Alemagna, 6, Tel. 02 72434245, www.triennale.org, geöffnet Di–So 11–20 Uhr, letzter Einlass 19 Uhr, Eintritt ab 10 €, erm. 8,50 €, Sonderausstellungen sind gegebenenfalls inklusive. Auch geführte Touren werden angeboten.

◁ *Der Parco Sempione – ein idyllischer Fleck im Herzen der Metropole*

23 Torre Branca ★★ [C2]

Der **Aussichtsturm** steht schon seit 1933 in der Nordwestecke des Parks. Der Lift bringt den Besucher in knapp 90 Sekunden bis auf 99 Meter Höhe. Die erlaubte Verweildauer liegt offiziell nur bei ca. 7 Minuten, aber wenn wenig los ist und der Liftführer gute Laune hat, schaut er auch mal nicht so genau auf die Uhr.

Die **Rundumsicht** ist bombastisch: Über Park und Burg hinweg schaut man bis zum Dach des Doms und darüber hinaus. Wer die Runde um die Panoramafenster macht, sieht, wie in verschiedenen Stadtteilen Hochhäuser entstehen. In nördlicher Richtung sind bei gutem Wetter die italienischen Alpen zu erkennen. Manchmal wird eine kleine Auswahl an Gemälden, Zeichnungen und anderen Werken noch wenig bekannter Künstler aufgestellt und feilgeboten.

Die **Höhe** von 108,5 Metern ist übrigens kein Zufall. Denn in den 1930er-Jahren nahm man es noch sehr genau mit dem Ideal, dass kein Mailänder Bauwerk die goldene Madonnina auf dem Dom 1 überragen sollte.

› Die Fahrt mit dem Lift kostet 6 €, Kleinkinder 5 €, Tel. 02 3314120, www.museobranca.it/torre-branca, Onlineticket via Website erhältlich. Die Öffnungszeiten ändern sich häufig, derzeit (Anfang 2024) gilt: Mi, Fr 10.30–12.30, 15–18.30, Sa 10.30–14, 14.30–19, 20.30–24, So 10.30–14, 14.30–19 Uhr. Im Sommer (Anfang Mai–Ende Sept.): Di, Do 15–19, 20.30–24, Mi, Fr 10.30–12.30, 15–19, 20.30–24, Sa, So, Fei 10.30–14, 14.30–19, Sa zusätzlich 20.30–24 Uhr. **Achtung:** Bei schlechtem Wetter bleibt der Turm geschlossen. Abends kann man den Turmbesuch mit einer Einkehr in die Bar Justme Milano (s. S. 83) verbinden, am besten zur Aperitivo-Zeit.

MEIN TIPP

Abstecher zum Friedensbogen

Der 25 Meter hohe, 1838 fertiggestellte Friedensbogen **(Arco della Pace)** am stadtauswärts gelegenen Ende des Parks ist mit weißem Marmor verkleidet und erinnert an den Europäischen Frieden von 1815.

•7 [B2] **Arco della Pace**

Westlich des Zentrums

Top-Sights im Westen der Mailänder Innenstadt sind das Museo Nazionale della Scienza e della Tecnologia Leonardo da Vinci und drei prächtige Kirchen aus verschiedenen Epochen. Auch ist hier mit dem Riesengemälde „Das letzte Abendmahl" eine Ikone der Kunstgeschichte zu besichtigen.

24 Basilica di Santa Maria delle Grazie und da Vincis „Abendmahl" ★★★ [B4]

Für viele Reisende ist die Besichtigung von Leonardo da Vincis monumentalem Gemälde „Das letzte Abendmahl" einer der Höhepunkte ihres Mailandbesuchs. Die große Basilika gleich nebenan gehört zu demselben Gebäudekomplex, in dem das „Abendmahl" bewundert werden kann.

Die **Basilika** wurde 1469 zunächst als gotischer Backsteinbau vollendet. Die später von Bramante gestaltete polygonale und mit schicken Doppelpfeilern gegliederte Kuppel gilt genauso wie die Chorpartie als **Meisterwerk der Frührenaissance** und beeinflusste die lombardische Baukunst nachhaltig. Der schmucke Gesamteindruck, den Betrachter vom Äußeren der Kirche gewinnen, wird durch die gefällige Zweifarbigkeit (rot/weiß) noch unterstrichen.

Im **Innern der Dominikanerkirche** bewundern Besucher einen eindrucksvollen Mix aus gotischen Elementen und dekorativen Vorstellungen der Renaissance. Die Barockkapelle der namengebenden Gnadenmadonna (Madonna delle Grazie) befindet sich am Ende des linken Seitenschiffs, das Gnadenbild auf dem Altar. Der sehenswerte kleine **Kreuzgang** mit dem ungewöhnlichen **Frösche-Brunnen** wurde ebenfalls nach Plänen Bramantes errichtet. Besagte Frösche befinden sich im mittleren Becken.

An der Gestaltung der geräumigen Sakristei hatte auch **Leonardo da Vinci** Anteil. Auf ihn soll beispielsweise die Idee mit den verknoteten Kordeln an der Decke zurückgehen. In der **Sakristei** können Original-Bögen aus Leonardos „Codex Atlanticus" besichtigt werden.

Das ganze Ensemble, also Kirche und Dominikanerkloster Santa Maria delle Grazie mit dem Abendmahl-Gemälde, erhielt bereits 1980 den Ehrentitel „UNESCO-Welterbe".

› **Basilica di Santa Maria delle Grazie,** Piazza Santa Maria delle Grazie, Tel. 02 4676111, www.legraziemilano.it, Eintritt frei

Museo del Cenacolo Vinciano

Das ehemalige Dominikanerkloster neben der Basilika würde es auch ohne den **ganz besonderen Schatz** in seinem Inneren auf die Liste besonders herausragender Sehenswürdigkeiten in Mailand schaffen. Der Knüller aber ist, dass hier Ende des 15. Jh. an einer Wand des Speisesaals (Refektorium) das berühmteste Wandgemälde aller Zeiten Gestalt annahm: Als Meilenstein der Renaissance begeistert Leonardo da Vincis Meisterwerk **„Das letzte Abendmahl"** („Il Cenacolo Vinciano" oder „L'Ultima Cena") durch Komposition, Ausführung und Anziehungskraft. Seine kunsthistorische Bedeutung ist nach einhelliger Expertenmeinung enorm.

Im Auftrag des Mailänder Herzogs Ludovico Sforza hatte der Meister 1495 begonnen, die Nordwand besagten Speisesaals in der **Seccotechnik** anzumalen. In Sachen Haltbarkeit keine gute Idee (s. Exkurs S. 40). Leonardo hielt auf seinem über 9x4 Meter großen Gemälde den biblischen Moment fest, in dem Jesus seinen Jüngern mitteilt, dass ihn einer von ihnen bald verraten wird. Tisch und Teilnehmer sind dabei an der vorderen Begrenzung des Raums angeordnet. Das Licht, das die Szene ausleuchtet, scheint nicht aus dem gemalten Fenster im Hintergrund zu kommen, sondern schräg von links wie das wirkliche Licht, das durch Fenster an der linken Wand des (tatsächlichen) Raums einfällt.

Aber was genau macht das tausendfach kopierte und imitierte Kunstwerk so besonders? Was unterscheidet es von allen vorher geschaffenen Gemälden? Warum genau gilt es als ganz besonderer Höhepunkt in da Vincis auch ansonsten kolossalem künstlerischen Werk?

Zunächst einmal ist da ein ganz profaner Effekt: „Il Cenacolo" vermittelte aufgrund der **genial eingesetzten Perspektive** den Mönchen (und heute uns) den Eindruck, ihr Speisesaal sei wesentlich tiefer. Besonders bemerkenswert: Die perspektivische Tiefe ist mathematisch korrekt konstruiert und absolut einwandfrei wiedergegeben. Auch findet man an vielen Stellen den sogenannten **goldenen Schnitt,** also die ganz besondere Relation von Gegenständen zueinander, die kulturübergreifend als harmonisch empfunden wird. Ein Beispiel: Dort, wo Jesus

Restaurierungsbemühungen

Der Kampf gegen den Verfall des großen Wandgemäldes setzte schon früh ein, denn das Bild ist in der sogenannten Seccotechnik (wörtlich: trockene Technik) ausgeführt. Das bedeutet, dass die Farbe nicht wie beim „Fresco" (wörtlich: Frische) auf den noch feuchten – also frischen – Putz aufgetragen wurde, sondern auf knochentrockenem. Leonardo wollte beim „Abendmahl" nämlich nicht dem bei der Fresco-Malerei üblichen Zeitdruck ausgesetzt sein. Gelegentlich betrachtete er den Stand seiner Arbeit stundenlang aus gebührender Entfernung ohne den Pinsel zu bewegen – oft sehr zum Missfallen des ungeduldigen Klosterpriors.

Da sich die für „Seccos" vorzugsweise verwendeten Materialien aber nicht sehr dauerhaft mit dem Untergrund verbinden und Leonardo außerdem die Feuchtigkeit der 70 cm starken Klosterwand unterschätzte, war das Kunstwerk von Anfang an seinem Verfall geweiht. Schon etwa zehn Jahre nach Fertigstellung setzten die ersten Ablöseerscheinungen ein. Aus einiger Entfernung wirken diese wie ein Ausbleichen oder Verwaschen der Farben. Dazu kam noch, dass man nicht immer sehr schonend mit dem sensiblen Werk umsprang. Legendärer Tiefpunkt: Napoleons Truppen sollen das Refektorium eine Zeit lang als Pferdestall zweckentfremdet haben – und auch bei den Bombenangriffen 1943 wurde der Speisesaal in Mitleidenschaft gezogen. Wie durch ein Wunder und weil die Mönche sie mit Sandsäcken geschützt hatten, blieb die Wand mit dem großformatigen Bild weitgehend heil.

Im frühen 18. Jahrhundert setzte man das Gemälde der ersten von mittlerweile mindestens sieben großen Restaurierungsrunden aus. Oft erschöpften sich die Rettungsversuche in mehr oder weniger gelungenen Übermalungen des vorherigen Zustands. Bei diesen Aktionen ging allerhand schief, beispielsweise erhielt Simon – der Abendmahlteilnehmer ganz rechts – plötzlich einen Vollbart, den er früher nicht hatte und der ihm mittlerweile wieder abgenommen wurde. Auch wird angenommen, dass einige Teile des Bildes, vor al-

und die Person rechts neben ihm die Hände haben, wird das Bild im Verhältnis des goldenen Schnitts geteilt.

Kunsthistoriker erklären das Faszinosum mit dem „Cenacolo" außerdem mit der für die damalige Zeit spektakulär **neuen dramatischen Auffassung** da Vincis: Seine **Komposition** ist nämlich wesentlich lebhafter als frühere Werke zu demselben Thema. Er verzichtet außerdem auf Heiligenscheine und die bis dahin übliche plumpe szenische Isolierung des Verräters Judas. Die Apostel sind ganz bewusst in **vier Teileinheiten** angeordnet, die auf **unterschiedlichste Weise** auf die ungeheuerliche Enthüllung ihres Herrn reagieren. **Jesus selbst** wird durch das rote Gewand mit blauem Überwurf, die eindeutige Zentralperspektive und den Lichteinfall ganz klar hervorgehoben.

Die vier Dreiergruppen der Jünger von links nach rechts im Überblick:

Links: Bartholomäus, Jakobus und Andreas sind allesamt überrascht und dabei empört (Bartholomäus), starr vor Entsetzen (Jakobus) bzw. in einer Abwehrhaltung à la „Ich doch nicht" (Andreas).

062ma

lem auf der linken Seite und inklusive Judas' Kopf nur noch die Bildkomposition mit dem Originalgemälde gemeinsam haben.

Die letzte große Restaurierung konnte 1999 nach gut 20 Jahren des Hantierens mit Pinzetten und Mikroskop abgeschlossen werden. Die von der Restauratorin Pinin Brambilla Barcilon geleitete Restaurierung hatte übrigens auch Kritiker auf den Plan gerufen. Denn viele hatten die verwitterte, Patina-überzogene, fast schon gespenstische Ausstrahlung des früheren Zustands schätzen gelernt. Doch das Ergebnis der Restaurierung gab den Befürwortern Recht: Die wiedereroberten Farben des Originals sind wesentlich heller und ausdrucksstärker. Beispielsweise können Betrachter endlich wieder sehen, wie weiß der Meister das Tischtuch haben wollte. Auch die Mimik der Abgebildeten und unzählige andere Details bis hin zu den Gegenständen auf dem Tisch kommen viel deutlicher und feiner zur Geltung. Aspekte, die jahrhundertelang verdeckt waren, tauchten wieder auf – z. B. Reflexionen im Geschirr.

› Ein interessantes Buch mit vielen Hintergrundfotos zu dem weltberühmten Bild ist „Leonardo und Das Letzte Abendmahl" des Kunsthistorikers Ross King (s. S. 115).

Halblinks: Petrus ist aufgebracht und will unbedingt Näheres erfahren. Er beugt sich zu Jesu sanftmütigem Lieblingsjünger Johannes, der den Kopf senkt, während sich Judas Ischariot von beiden abwendet (oder weggestoßen wird?). Subtil: Das Gesicht des Verräters taucht dabei in den Schatten. In der einen Hand hält er ein Geldsäckchen, mit der anderen wirft er das Salz um. Sein Blick geht über das Haupt Jesu hinweg. Man spekuliert, dass es sich bei der Darstellung des Johannes eigentlich um Maria Magdalena handle. Die abgebildete Person wirke sowohl in der Totalen als auch aus der Nähe betrachtet sehr feminin. Manche meinen, man könne sogar den Brustansatz erkennen.

Halbrechts: Thomas zeigt aufgebracht zum Himmel, Jakobus der Ältere breitet erschrocken die Arme aus und Philippus wirkt tief betroffen. Damit repräsentieren alle drei Gefühle wie Zorn und Entsetzen.

Rechts: Matthäus, Thaddäus und Simon diskutieren vom restlichen Geschehen weggewandt untereinander. Alle drei wirken bestürzt. Matthäus scheint Simon zu fragen, ob Jesu Mitteilung überhaupt stimmen könne.

Goethe sah sich das Gemälde 1788 auf seiner Rückreise aus Rom näher an. Die damals schon weltberühmte Komposition animierte den genialen Dichterfürsten zu Reflexionen über das südländische Temperament im Allgemeinen, denn er notierte zu der Frage, warum das Bild so lebendig wirke: „Es ist die Bewegung der Hände. Dies konnte aber auch nur ein Italiener finden. Bei seiner Nation ist der ganze Körper geistreich, alle Glieder nehmen teil an jedem Ausdruck des Gefühls, der Leidenschaft, ja des Gedankens."

Um die Gestaltung der **Physiognomie von Jesus und Judas** ranken sich einige Mythen. Als sicher gilt, dass sich Leonardo als notorischer Perfektionist schwer tat, adäquate Gesichtszüge für die beiden zu finden und auszuführen. Einer Legende zufolge soll er dem Prior des Klosters Santa Maria delle Grazie angedroht haben, den Judas nach ihm zu gestalten, wenn er es nicht bleiben ließe, unaufhörlich Zeitdruck zu machen. Der zu Tode erschrockene Mann soll sich daraufhin nie wieder über die Dauer der sich jahrelang hinziehenden Arbeiten beschwert haben.

› **Museo del Cenacolo Vinciano,** Piazza Santa Maria delle Grazie, 2, Ecke Corso Magenta. Das Museum hat einen eigenen Eingang unmittelbar links der Hauptfassade der Basilika. Tickets müssen vorbestellt und 20 Min. vor dem Besuch abgeholt werden. Geöffnet Di–So 8.15–19 Uhr. Eintritt 16 €, 18–25 J. 3 €, unter 18 J. frei, eine zusätzliche Buchungsgebühr von 2 € wird jedoch in jedem Fall erhoben, Buchung: www.cenacolovinciano.org oder www.cenacolo.it (mit Infos zu Kombitickets, die noch andere Topsehenswürdigkeiten umfassen), Buchungs-Hotline: Tel. 02 92800360 (Mo–Sa).

› **Achtung:** Problematisch ist weniger der Eintrittspreis als vielmehr die Herausforderung, überhaupt Tickets für die auf 15 Minuten limitierte Besichtigungsdauer zu bekommen. Die täglich etwa 40 Durchgänge mit in der Summe über 1000 Besuchern sind stets ausgebucht. Individualreisende, die das Kunstwerk an einem ganz bestimmten Tag oder gar zu einer konkreten Tageszeit bestaunen möchten, sollten deshalb schon **Monate vorher reservieren.**

› **Tipp:** V. a. außerhalb der Saison kann es sich lohnen, kurzfristig nach einem freien Platz in den vielen jeden Tag durch das Refektorium geschleusten Gruppen zu fragen. Denn wer nicht rechtzeitig zu seinem auf die Minute genau festgelegten Termin erscheint, verliert den Anspruch auf seine 15 Minuten Besichtigungszeit. Einige Reiseveranstalter haben **Kombipakete** im Angebot, die auch einen Besuch des Cenacolo beinhalten. Manchmal kann ein solches Paket ohne längeren Vorlauf erworben werden, z. B. bei der Agentur Zani Viaggi (s. S. 123).

25 La Vigna di Leonardo ★ [B4]

Um sich von seinen vielfältigen Aktivitäten erholen zu können, erhielt Leonardo da Vinci 1498 einen **Weingarten mitsamt gepflegter Parkanlage** geschenkt. Das sich gleich gegenüber der Basilica di Santa Maria 24 befindende Areal wurde liebevoll restauriert und ist seit 2015 für die Öffentlichkeit zugänglich. Bei der Villa auf dem Gelände handelt es sich um die **Casa degli Atellani,** die man während einer rund 30-minütigen Tour mit Audio-Guide (20 €) erkundet.

› **La Vigna di Leonardo,** Corso Magenta, 65, Tel. 02 4816150, www.vignadileonardo.com, geöffnet tgl. 9–18 Uhr. **Derzeit (Anfang 2024) vorübergehend geschlossen.**

㉖ Chiesa di San Maurizio al Monastero Maggiore ★ [C4]

Berühmt ist die schmucke Renaissance-Kirche aus dem 16. Jahrhundert zum einen für ihre ausdrucksstarken **Fresken** – allen voran die farbenfrohen Arche-Noah-Darstellungen –, zum anderen für die **Trennwand**, hinter der die einstigen Nonnen des benachbarten Klosters der Benediktinerinnen demselben Gottesdienst folgten wie das gemeine Volk. Just diese Trennwand ist übrigens mit besonders prächtigen Malereien verziert. Wer farbenfrohe Darstellungen von Bibelgeschichten mag, wird sich in diese ganz besondere Klosterkirche verlieben. Wichtigster verantwortlicher Künstler war übrigens Bernardino Luini (1480–1532), der sich bei manchen Arbeiten von seinen Söhnen unterstützen ließ.

In dem Kloster, an das die Kirche angeschlossen ist, wurde inzwischen das **Civico Museo Archeologico** (s. S. 68) untergebracht. Hobby-Archäologen werden ihre Freude an den ausgestellten Artefakten haben. Hauptsächlich handelt es sich um etruskische und römische Grabungsfunde, darunter schöne Mosaiken und Altäre. Außerdem gibt es Teile einer gleich hier vor Ort freigelegten römischen Mauer und die berühmte, fein verzierte Silberplatte „Patera d'argento di Parabiago" aus dem 4. Jahrhundert zu besichtigen. Kleine Abteilungen für griechische und „barbarische" Exponate und ein Turm voller Fresken im Museumsgarten runden den Besuch ab.

› Corso Magenta, 15, geöffnet Di–So 10–17.30 Uhr, Eintritt frei

㉗ Basilica di Sant'Ambrogio ★★★ [C5]

Zwei eindrucksvolle Glockentürme rahmen die Fassade des wichtigsten Bauwerks der lombardischen Romanik. Geweiht ist die Kirche Mailands Stadtpatron und „Superbischof" Ambrosius, der das Gotteshaus Ende des 4. Jahrhunderts errichten ließ und dessen letzte Ruhestätte sich auch hier befindet.

030ma Abb.: js

Altehrwürdig: die rote Basilika des heiligen Ambrosius

Die mehrmals erweiterte und umgestaltete Kirche gilt als eines der spirituellen Kraftzentren Mailands. Die Chorpartie stammt aus dem 9. Jahrhundert und der größte Teil des Hauptbaus aus dem 12. Jahrhundert. Die altchristliche Grundform der Anlage wurde allerdings beibehalten. Die beiden Kreuzgänge kamen im 15. Jahrhundert dazu.

Zu dem Umstand, dass die Kirche gleich **zwei Glockentürme** hat, gibt es eine heute vielleicht kurios anmutende Geschichte: Da sich die feinen Domherren und die örtlichen Mönche nicht einigen konnten, wer die Glocken läuten darf, baute man eben zwei Türme, den **Campanile dei Canonici** für Erstere und den **Campanile dei Monaci** für Letztere.

Auch im **Innern** der Basilika gibt es einiges zu bestaunen: Der legendäre Goldschmied Volvinius schuf in der ersten Hälfte des 9. Jahrhunderts den eindrucksvoll verzierten **goldenen Altar** („Altare d'oro" oder „Paliotto d'oro") – ein Meisterwerk der karolingischen Goldschmiedekunst. Seine vergoldeten Silberreliefs zeigen biblische Szenen und solche aus dem Leben des heiligen Ambrosius. Der selbstbewusste Volvinius ist übrigens einer der ersten italienischen Künstler, der nach der Epoche der Klassik hier eine persönliche Unterschrift auf einem Werk hinterließ. Ein weiteres Highlight ist das große **Apsismosaik.**

Nichts für Zartbesaitete: In der frei zugänglichen **Krypta** ruhen die Gebeine des heiligen Ambrosius und die der Mailänder Märtyrer Gervasio und Protasio nobel gewandet, goldbekrönt und aufgebahrt in prächtig verzierten Liegestätten. Die beiden Letztgenannten sollen unter Kaiser Diokletian um 300 n. Chr. ermordet worden sein.

Der Eingang zum an die Basilika angeschlossenen **Museum (Museo della Basilica Sant'Ambrogio)** befindet sich im Bereich des Südschiffs der Kirche.

Unmittelbar südöstlich der Basilika erhebt sich das Hauptgebäude der erst 1921 gegründeten **Katholischen Universität** (Università Cattolica). Architekturhistorisch Interessierte bestaunen hier Bauten, die teilweise viel älter sind, beispielsweise zwei von Bramante (s. S. 23) gestaltete Kreuzgänge. Die Studenten beleben die nähere Umgebung vor allem um die Mittagszeit.

Etwa auf halbem Weg zwischen der Basilica di Sant'Ambrogio und der Basilica di San Lorenzo Maggiore 29 kann auf der rechten Seite der breiten Via Edmondo de Amicis der **Parco dell'Anfiteatro Romano** besichtigt werden. Hier gibt es die Ausgrabungsstätte eines antiken Amphitheaters und auch einige kleinere Exponate zu sehen. Eine Oase der Ruhe in der ansonsten oft hektischen Innenstadt.

› **Basilica di Sant'Ambrogio,** Piazza Sant'Ambrogio, 15, Tel. 02 86450895, www.basilicasantambrogio.it (mit eindrucksvoller virtueller Tour durch die Basilika), geöffnet Mo–Sa 7.30–12.30 und 14.30–19 Uhr, So 8–13 und 15–20 Uhr. Wegen der regelmäßigen Gottesdienste empfiehlt die Kirche die Besichtigung werktags am Vormittag ab 10 Uhr sowie am Nachmittag ab 14.30 Uhr und sonntags ab 15 Uhr. Rollstuhlfahrer benutzen den Eingang an der Via Lanzone, 30. Das Museum im Innern der Kirche kostet 2 € Eintritt.

★8 [D6] **Parco dell'Anfiteatro Romano,** Via Edmondo de Amicis, 17, www.milanoarcheologia.beniculturali.it/?page_id=3933, geöffnet Di–Fr 9–16.30 (im Sommer bis 18 Uhr), Sa 9.30–14 Uhr

Der heilige Ambrosius – Mailands spätantiker „Superbischof"

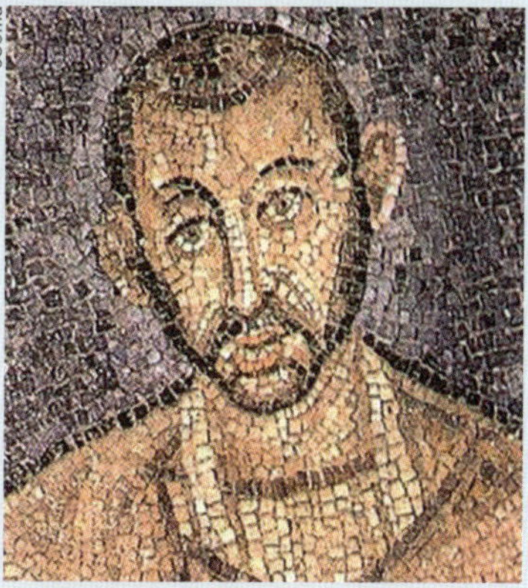

050ma

Um das Jahr 339 als Sohn eines vornehmen Römers in Trier (!) geboren, schlug der spätere Kirchenvater zunächst eine Beamtenlaufbahn ein. Standesgemäß ausgebildet, brachte er es um 372 zum Präfekten mit Dienstsitz Mailand. Bereits ein geachteter Politiker, wurde er 374 zum Bischof von Mailand gewählt. Die Legende will, dass der Ausruf eines Kindes während der Bischofswahl den Ausschlag zugunsten Ambrosius' gegeben haben soll. Zu diesem Zeitpunkt noch nicht einmal getauft, empfing er im Eilverfahren die Sakramente Taufe, Weihe zum Diakon, zum Priester und zum Bischof.

Unter seiner Führung gewann die Mailänder Kirche eine gewisse Eigenständigkeit gegenüber Rom – inklusive abweichender liturgischer Riten. Diese sind übrigens noch heute in Gebrauch.

Auf den ambrosianischen Ritus ist zum Beispiel zurückzuführen, dass der Mailänder Karneval bis zum Samstag nach Aschermittwoch dauert. Ambrosius trug außerdem entscheidend zur Entwicklung frühchristlicher Musik bei, etwa indem er den hymnischen Chorgesang förderte. Einige bis heute populäre Kirchenlieder soll er sogar selbst getextet und komponiert haben.

Ambrosius bekehrte den späteren Kirchenvater Augustinus zum Christentum und taufte ihn 387 höchstpersönlich. Der Überlieferung zufolge stimmte Ambrosius bei dieser Gelegenheit den Hymnus „Te Deum" an – und Augustinus antwortete im Stil eines Gesangduetts versweise darauf.

Auch dass 391 das Christentum zur alleinigen Staatsreligion im Römischen Reich erhoben wurde, soll maßgeblich auf Ambrosius' entsprechende Bemühungen zurückzuführen sein. Mit Andersdenkenden sprang Ambrosius nicht gerade zimperlich um und Häretikern ging es in seinem Machtbereich besonders schlecht.

Ambrosius starb 397 nach einem Episkopat von 23 Jahren. Seine sterblichen Überreste sind nach wie vor in der Krypta der Basilica di Sant'Ambrogio 27 zu besichtigen. Die Mailänder verehren ihn seit Jahrhunderten als ihren Stadtpatron und begehen seinen besonderen Festtag an jedem 7. Dezember – dem Tag seiner Weihe zum Bischof. Seit 1298 trägt er den Ehrentitel Kirchenvater. Eine Ehre, die außer ihm nur drei anderen berühmten Geistlichen zuteilwurde.

Bemerkenswert: Mit dem Ambrosius-Mosaik in der Kirche Sant'Ambrogio existiert eines der wenigen realistischen Porträts eines Klerikers der Antike. Das Mosaik zeigt einen Mann in den besten Jahren mit dunklen Haaren, sauber gestutztem Vollbart, markanten Ohrmuscheln, vollen Lippen und langem Nasenrücken. Auch die Fehlstellung eines Auges wird von dem Mosaik korrekt wiedergegeben (s. Abb. oben).

28 Museo Nazionale della Scienza e della Tecnologia Leonardo da Vinci ★★★ [B5]

Der unscheinbare Eingang zu Mailands berühmtem Wissenschafts- und Technikmuseum befindet sich an einem großen, zur Via San Vittore offenen Platz, dessen Stirnseite die Fassade der Kirche San Vittore al Corpo einnimmt.

Italiens größtes Museum dieser Art ist in einem ehemaligen Kloster aus dem 16. Jahrhundert untergebracht und gleich in doppelter Hinsicht sehenswert: Zum einen wegen der großen, seinem Namensgeber gewidmeten Abteilung **(Leonardo-da-Vinci-Galerie):** Technische und architektonische Modelle des Genies wurden nach seinen Original-Zeichnungen gefertigt. Die hier untergebrachte weltweit größ-

Leonardo da Vinci

Geboren 1452, arbeitete **Leonardo da Vinci** im Laufe seiner höchst produktiven Karriere als Künstler- und Technikgenie unter anderem in Florenz, Rom und Paris. Gefördert durch die Sforza-Fürsten, war Mailand von 1482 bis 1499 seine wichtigste Wirkungsstätte. Folgen Sie seinen Spuren!

- **Basilica di Santa Maria delle Grazie** 24: „Das letzte Abendmahl" – Leonardos mit Abstand berühmtestes Wandgemälde, außerdem Mitarbeit an den Fresken in der Sakristei. Zudem werden einige Bögen seines Codex Atlanticus ausgestellt.
- **La Vigna di Leonardo** 25: Gleich gegenüber der Basilika besichtigt man einen hübschen Park mit einem Weingarten des Künstlers und die herrschaftliche Villa La Casa degli Atellani.
- **Museo Nazionale della Scienza e della Tecnologia Leonardo da Vinci** 28: Das nach dem Universalgenie benannte Wissenschafts- und Technikmuseum befasst sich auch mit den bahnbrechendsten Ideen Leonardos.
- **Museo Leonardo3 – Il mondo di Leonardo:** Sonderausstellung mit interaktiven Features (s. S. 19)
- **Pinacoteca Ambrosiana** (s. S. 24): Gemälde „Bildnis eines Musikers" (Ritratto di Musico). Den jungen Unbekannten mit Partitur in der Hand porträtierte der italienische Meister 1490. Die 1000 Bögen seines Codex Atlanticus begeistern in der Biblioteca Ambrosiana nebenan.
- **Castello Sforzesco** 19: Im Auftrag der Sforza bemalte Leonardo die Sala delle Asse in der Art einer Eichenlaube.
- Als das Genie nach Mailand kam, war das Kanalnetz Navigli 31 schon ordentlich ausgebaut. Allerdings wirkte er an der Konstruktion und Optimierung von **Kanalschleusen** mit.
- **Piazza della Scala** [E4]: Leonardo-Statue. Die vier kleineren Statuen um ihn herum stellen Schüler dar.
- **Weitere Werke:** Entwurf des gigantischen, erst über fünf Jahrhunderte später realisierten Riesenrosses (s. Hippodrom 35). Da Vincis berühmtestes Werk, die „Mona Lisa" (italienisch: „La Gioconda", wörtlich „die Heitere") hängt im Pariser Louvre, ebenso sein jugendlich-dynamischer Johannes der Täufer („San Giovanni Battista"), die Felsengrottenmadonna und das Bildnis „Anna selbdritt" („Anna Metterza").

te Sammlung solcher Apparate macht deutlich, wie weit das Universalgenie seiner Zeit voraus war.

Zum anderen dokumentieren über 15.000 weitere Exponate die **technische Entwicklung vor und nach Leonardo:** Von den ersten Eisenwerkzeugen über Pumpen, Schreibmaschinen, Röhrenfernsehern und dem U-Boot Sottomarino Enrico Toti bis hin zu Hubschraubern und Solarzellen. So gibt es z. B. eine Physik-Abteilung mit Apparaturen von Galilei und Newton, aber auch Abteilungen für Optik, Metallverarbeitung und Zeitmessung.

Die interaktiven Labore sind nicht nur für Kinder ein lehrreiches Erlebnis! Der Ansatz des Museums ist also mit dem des Deutschen Museums in München vergleichbar, außerdem finden regelmäßig Sonderausstellungen zu aktuellen Themen statt. Seit der Eröffnung des Museums 1953 ist auch die **Kirche San Vittore al Corpo** unmittelbar daneben in den Fokus von Mailandbesuchern gerückt – trotz ihrer Entfernung zum *centro storico*.

Sie wurde im altchristlichen Stil erbaut und ab 1530 im Stil der Spätrenaissance erneuert. Die Barockausstattung in ihrem Innern lohnt einen spontanen Kurzbesuch.

› Via San Vittore, 21, Tel. 02 485551, www.museoscienza.org (Online-Tickets erhältlich), geöffnet Di–Fr 9.30–17 Uhr (im Sommer 10–18 Uhr), Sa, So und Feiertage 9.30–18.30 Uhr (im Sommer 10–19 Uhr), geschlossen an Montagen, die keine Feiertage sind, außerdem am 24./25. Dezember und 1. Jan., Eintritt 10 €, ermäßigt 7,50 €, Kinder bis 3 Jahre gratis, gelegentlich Sonderausstellungen. Das U-Boot kann im Rahmen von Sonderführungen betreten werden. Der Eintrittspreis (Museum inkl. U-Boot) erhöht sich dadurch auf 20 € (ermäßigt 17,50 €).

Südwestlich des Zentrums

Mailands südwestliche Innenstadt besucht man wegen der beiden fantastischen Basiliken und der ganz besonderen Atmosphäre des weltberühmten Navigli-Viertels.

29 Basilica di San Lorenzo Maggiore ★★ [D6]

Vor allem in den Abendstunden ist nicht die Basilika das Highlight der Umgebung, sondern ihr spektakulärer Vorplatz. Bei schönem Wetter trifft sich allabendlich Mailands Jugend im Schatten von 16 antiken Kolossalsäulen zum Schwatzen und Flirten. Auch tagsüber wird es hier nie langweilig.

Die Basilika am Corso di Porta Ticinese vereint die **Baustile mehrerer Epochen:** im Kern eine mächtige frühchristliche Kirche aus dem 4. Jahrhundert, auf deren Grundmauern zu Beginn des 12. Jahrhunderts der romanische Nachfolgebau errichtet wurde. Die beeindruckende achteckige Kuppel ersetzte zur Zeit der Spätrenaissance um 1575 ihre weniger prächtige Vorgängerin. Vorhalle und Westfassade sind schöne Beispiele des Klassizismus des 19. Jahrhunderts.

Ältestes noch bestehendes Zeugnis spätantiker Baukunst ist die achteckige **Cappella di Sant'Aquilino** aus dem 4. Jahrhundert mit ihren prächtigen Mosaiken (Eintritt 2 €, ermäßigt 1 €). In die Ecken der **Cappella di San Ippolito** aus dem 6. Jahrhundert sind antike Säulen integriert.

Die hübsche **Bronzestatue,** die sich auf dem **Kirchenvorplatz** befindet, zeigt den römischen Kaiser Konstantin. Was aber hat es mit dem **Colonne di San Lorenzo** genannten Säulen-Portikus vor der Basilika auf sich? Tatsächlich handelt es sich um Überbleibsel eines antiken römischen Tempels oder Palastes, möglicherweise gehörten sie aber auch zu einer Thermenanlage. Sie wurden bereits im 4. Jh. hierher versetzt und sollten eigentlich in den Eingangsbereich der Kirche integriert werden. Heute freuen sich junge und junggebliebene Mailänder darüber, dass es die 16 Säulen mit ihren wundervollen korinthischen Kapitellen in die Neuzeit geschafft haben. Denn als wohl bedeutendster Rest des „römischen“ Mediolanum (s. S. 96) dürfen sie heute den pittoresken Hintergrund für einen der angesagten Treffpunkte weitab vom Trubel der Tagestouristen abgeben.

Unmittelbar hinter der Basilica di San Lorenzo Maggiore lädt zudem der **Parco delle Basiliche** (offiziell Parco Papa Giovanni Paolo II = Park Papst Johannes Paul II.) zum Durchatmen und Relaxen ein. Der längliche und ziemlich große Park verläuft parallel zum Corso di Porta Ticinese und verbindet die Basilica mit der etwa 500 Meter weiter südlich gelegenen Basilica di Sant'Eustorgio (30). Neben einigen eher unscheinbaren römischen Ruinen gibt es hier auch altehrwürdigen Baumbestand.

› **Basilica di San Lorenzo Maggiore,** Corso di Porta Ticinese, 35, Tel. 02 89404129, www.sanlorenzomaggiore.com, geöffnet Mo–Fr 8–12.30 und 15–18.30, Sa, So 9–13 und 15–19 Uhr

San Lorenzo Maggiore vereint mehrere historische Baustile

(30) Basilica di Sant'Eustorgio ★★ [D6]

Nur ein paar Gehminuten südlich der Basilica di San Lorenzo Maggiore (29) erhebt sich schon die nächste prächtige Kirche: Sant'Eustorgio, eine romanische Basilika aus dem 11. Jahrhundert mit einem eindrucksvollen Glockenturm aus dem Jahr 1300 und einer 1863 fertiggestellten Fassade.

Ähnlich wie San Lorenzo Maggiore geht auch diese Basilika auf einen Kirchenbau des 4. Jahrhunderts zurück. Im Jahr 349 wurde dort ihr Namensgeber, der griechischstämmige Bischof Eustorgios, beigesetzt.

Auf einer hohen Säule zwischen der Kirche und dem Corso di Porta Ticinese fällt eine **steinerne Statue** mit Messer im Schädel auf. Diese Figur ist keine mittelalterliche Allegorie auf heftige Kopfschmerzen, sondern stellt den heiligen **Petrus von Verona** (auch Petrus Martyr oder Petrus von Mailand) dar, einen 1252 ermordeten Dominikaner, Inquisitor und Märtyrer. Sein groß geratenes marmornes Grab befindet sich in der Kirche.

Mit der Basilika ist noch ein weiterer **Kriminalfall** verbunden. Die Beute hatte dabei ein wahrhaft kaiserliches Ausmaß: Eine Legende aus dem 12. Jh. berichtet, dass Bischof Eustorgios die **Gebeine der Heiligen Drei Könige** Mitte des 4. Jahrhunderts als Geschenk erhalten und mithilfe eines Ochsenkarrens nach Mailand gebracht haben soll. Im Jahr 1158 nutzte dann Kaiser Friedrich Barbarossa die Belagerung Mailands, um die hochheiligen Reliquien aus der seinerzeit außerhalb der Stadtmauern gelegenen Basilika zu stibitzen und dem Erzbischof von Köln zu schenken. Sechs Jahre später trafen die Knochen am Rhein ein und werden

031ma Abb.: © frenk58, stock.adobe.com

dort bis heute im Kölner Dom verehrt. Versöhnliche Geste: 1903 wurde ein kleiner Teil der Beute an die Basilica di Sant'Eustorgio zurückgegeben.

In Erinnerung an die Heiligen Drei Könige ist die **Spitze des Glockenturms** übrigens bis heute nicht wie weltweit üblich mit einem Kreuz, sondern mit einem Stern geschmückt – als konsequente Reminiszenz an den Stern, dem die drei so beharrlich folgten. Im Innenraum der Basilika erinnern **Fresken** an ihre Taten zu Lebzeiten und das Schicksal ihrer nach Mailand überführten Reliquien.

Unmittelbar südlich der Basilika kann man bunten Graffitis zu einer Art Jugendzentrum folgen. Hier geht es vor allem am Wochenende hoch her. Wer in **Mailands Autonomen- und Jugendkultur** eintauchen möchte, ist hier genau richtig.

› Piazza Sant'Eustorgio, 1, Tel. 02 58101583, www.santeustorgio.it

31 Navigli-Viertel ★★★ [C7]

Wo einst Kanalschiffer und einfache Handwerker ihrem Tagewerk nachgingen, hat sich Mailands derzeit trendigstes Szene- und Amüsierviertel etabliert: Bars, Clubs, Ateliers, originelle Boutiquen und kleine Restaurants, von denen viele schon lange keine Geheimtipps mehr sind, prägen die Atmosphäre in der Umgebung des Naviglio Grande (Großer Kanal) und des Naviglio Pavese. Letzterer verbindet Mailand über Pavia mit dem Po.

Die vielen kleinen Musikkneipen prägen das rege Nachtleben des Navigli-Viertels. Regelmäßig finden entlang dem Naviglio Grande und in seiner Umgebung **Antiquitäten- und Trödelmärkte** statt. Im Sommer sorgen **Freiluftkonzerte** für Gedränge – vor allem am Wochenende. **Nachtschwärmer** schätzen die ganz besondere Atmosphäre des Viertels. Viele

063ma Abb.: js

Tagesbesucher leisten sich zudem eine **Bootstour.**

Dass es überhaupt ein Kanalviertel gibt, hat nicht zuletzt mit dem **Dombau** zu tun: Als Stadt ohne Fluss stand Mailand vor der logistischen Herausforderung, die Unmengen an Marmor und anderem Material möglichst zeit- und kostensparend zur Baustelle zu schaffen. Und so erweiterten die pfiffigen Mailänder ihr schon bestehendes **Kanalsystem.** In seiner Blütezeit verband dieses die Stadt über die Flüsse Ticino, Adda mit den oberitalienischen Seen und über den Po sogar mit der Adria.

Im Hochmittelalter und in der Frühen Neuzeit waren die künstlichen Wasserstraßen von großer Bedeutung für Mailands Stellung als Handelsmetropole. Übrigens soll auch Leonardo da Vinci an der Konstruktion verbesserter Schleusen beteiligt gewesen sein. Heute noch erhalten sind der Naviglio Grande (50 km Länge), der Naviglio Pavese (35 km) und der Naviglio della Martesana (38 km). Zweimal jährlich werden die Kanäle für einige Wochen trockengelegt und gereinigt – meist im Winterhalbjahr.

●**9** [C7] **Navigli-Bootstouren.** Mehrere Anbieter von Ausflugsschiffen starten an der Anlegestelle Alzaia Naviglio Grande Hausnr. 4. Bootstrip ab 19 €, ermäßigt ab 15 €. Diverse Specials, z. B. Bootsfahrten mit Dinner. Die Schiffe starten nicht ganzjährig. Bekannte Anbieter sind:

› **Navigami,** Tel. 02 867131, www.navigami.com

› **Navigazione Navigli,** Tel. 02 30089940, www.navigazionenavigli.it

› **Corsaro dei Navigli,** Tel. 02 36565694, Facebook-Seite. Ausflüge mit der Privatjacht und daher deutlich teurer, ab Hafenbecken Darsena.

Tipp: Statt ein bestimmtes Lokal anzusteuern einfach ein bisschen durch das Viertel treiben lassen und einkehren, wo es einem gefällt. Traditionsreich und empfehlenswert:

10 [C7] **Brellin** €€, Alzaia Naviglio Grande, 14, Tel. 02 58101351, www.brellin.com. Das Restaurant ist an einer belebten Stelle in einer ehemaligen Wäscherei am Kanal untergebracht und verteilt sich dort auf zwei Stockwerke. Bei schönem Wetter sind die wenigen

Zu Fuß durchs Navigli-Viertel

Tischchen direkt an der Kanalpromenade heiß begehrt.

› Vor allem in Richtung der nahen Piazzale Stazione Genova werden regelmäßig Lokale (neu) eröffnet. Gute Beispiele hierfür im Bereich des – abends sehr lebhaften – Gebiets Via Vigevano/Via Casale sind die **Pizzeria Pizzium** (2, s. S. 77) und das an einen Irish Pub erinnernde Lokal **Blues Canal** (s. S. 82).

Meine Tipps

Flohmarkt am Wasser

Der größte und traditionsreichste Flohmarkt im Navigli-Viertel findet jeden letzten Sonntag im Monat entlang dem Naviglio Grande zwischen der Viale Gorizia und der Brücke Ponte Valenza statt: Auf 2 km Länge bieten Hunderte Händler auf dem **Mercatone dell'Antiquariato** Altertümliches und Trödel aller Art an. Wer Schnäppchen machen möchte, kommt schon frühmorgens.

11 [C7] **Flohmarkt im Navigli-Viertel**

Abstecher ins Tortona-Viertel

Fashion-Fans, denen das Quadrilatero d'oro 14 zu mondän und überlaufen ist, könnten sich für die trendige **Zona Tortona** westlich des Regionalbahnhofs Stazione Porta Genova interessieren. Zwischen Naviglio Grande und Parco Solari haben sich entlang der Via Savona [A7–B6] und ihrer Querstraßen aufstrebende Designer, neue Labels und dazu hippe Gastronomen niedergelassen. Seit 2015 lockt außerdem das Fashion-Museum Armani/Silos (s. S. 68). Für viel Aufsehen sorgte im selben Jahr auch die Eröffnung des Museo delle Culture (MUDEC, s. S. 69) in einem vom britischen Stararchitekten David Chipperfield konzipierten Neubau.

Entdeckungen außerhalb der Innenstadt

32 Stazione Centrale ★ [eh]

Mailands Hauptbahnhof, ein prunkvoller Bau mit reicher Marmorverkleidung, wurde 1931 als einer der größten **Kopfbahnhöfe** Europas eröffnet. An der Gestaltung der Außenfassade und der Innenausstattung scheiden sich die Geister: Viele empfinden den Mix aus Jugendstilelementen und Monumental-Klassizismus als zu viel des Guten. Was immer man jedoch von seinem Äußeren halten mag – für die Stadt und ganz Oberitalien ist er in jedem Fall **einer der wichtigsten Verkehrsknotenpunkte.**

In der Abfahrtshalle auf der ersten Etage, aber auch im Stockwerk darunter, gibt es viele Geschäfte, eine Apotheke, eine Postfiliale und vieles mehr (www.milanocentrale.it).

33 Cimitero Monumentale ★★ [dh]

Mailand leistet sich mit seinem „Monumental-Friedhof" eine Totenstadt der Superlative: Reich an herrlichen Marmordenkmälern gilt sie als prunkvollste Gräberanlage Italiens. Noch im Tod wetteifern die hier bestatteten illustren Mailänder Dynastien bezüglich Prunk und Pracht.

Angelegt wurde der Riesenfriedhof 1866 vor dem noch heute existierenden Stadttor Porta Volta. Er liegt damit einen knappen Kilometer nördlich des Parco Sempione 20. Die weitläufige, von einer massiven Mauer umgebene Anlage gilt als eine Art **Freiluftmuseum der Stadtgeschichte.**

MEIN TIPP

Pirelli-Hochhaus

Das sich südwestlich des Hauptbahnhofs 32 befindende, 32-stöckige Pirelli-Hochhaus an der Piazza Duca d'Aosta wurde 1958 fertiggestellt und ist aufgrund seiner Höhe von 127 Metern nicht zu übersehen. Bei seiner Einweihung war das Hochhaus – nach dem Eiffelturm – das zweithöchste Gebäude Europas.

Mailand-typisches Detail zur Fertigstellung: Da das auch „Pirellone" genannte Gebäude das erste in der Stadt überhaupt war, das die **Madonnina** ganz oben auf dem Dom 1 überragte, legten die Mailänder Wert darauf, dass auf dem Dach des Pirelli-Hochhauses eine kleine Replik der Gottesmutterstatue platziert wurde – so blieb sie wenigstens bis zur Errichtung noch höherer Wolkenkratzer der höchste Punkt der Stadt. Außerdem spendete die namensgebende Firma einen Betrag für den Erhalt der Original-Madonnina.

★12 [eh] **Pirelli-Hochhaus,** Piazza Duca d'Aosta

Tempel, Türmchen, Mausoleen, Oktogone, Obelisken, kleine Rundkirchen, vor allem aber Engel, Heilige und andere Skulpturen jeder Größe schmücken die Gräber des wohlhabenden Mailänder Bürgertums – denn nur reiche Bewohner der Metropole können es sich leisten, ihre Angehörigen auf dem Cimitero begraben zu lassen. Ihre Grabstätten spiegeln den Geschmack der jeweiligen Zeit wider.

Im sogenannten **Famedio** (Ruhmeshalle) liegen Prominente bestattet. Der Schriftsteller Alessandro Manzoni ist der international wohl bekannteste unter ihnen. Sein steinerner, 1883 hierher verlegter Sarg ist für viele Friedhofstouristen die Hauptattraktion ihres Besuchs. Ein weiterer prominenter Bewohner der Ruhmeshalle ist der Patriot und Philosoph Carlo Cattaneo (1801–1869).

Auch die **Grabanlagen** der Familien Branca, Campari, Olivetti, Toscanini und Motta sind sehenswert. Letztere waren als Kuchenbäcker reich geworden und erinnern an diesen Umstand mit einer Art riesigem Granit-Gugelhupf bei ihrer Gruft auf dem Planquadrat „Riparto XVIII Spazio B". Die zylindrische Skulptur kann seitlich eingesehen werden. In ihrem Innern stehen auf drei Etagen bronzene Statuen. Weitere prominente „Bewohner" sind der Pianist Vladimir Horowitz (1903–1989) und Giuseppe Meazza (1910–1979), Namensgeber des Giuseppe-Meazza-Stadions 34. Regelmäßig werden thematische Führungen durch die Totenstadt angeboten.

› Piazzale Cimitero Monumentale, Tel. 02 88445706, http://monumentale.comune.milano.it (hier kann man unter anderem eine informative Broschüre inklusive Lageplan als PDF herunterladen), Eintritt frei, geöffnet Di–So 8–18 Uhr, 1. Januar, Ostersonn-/-montag, 1. Mai, 2. Juni, 15. August, 8., 25. und 26. Dezember nur bis 13 Uhr geöffnet, Eintritt bis 30 Minuten vor Torschluss

San Siro

Nach San Siro kommen Besucher Mailands wegen des berühmten Fußballstadions und wegen des Hippodroms. Die Galopprennbahn überrascht mit einer Riesenskulptur, die man hier nicht erwarten würde!

34 Stadion San Siro (Giuseppe-Meazza-Stadion) ★★ [ah]

Mailands riesiges Fußballstadion heißt nach einem einst sehr populären heimischen Kicker seit 1980 offiziell **Stadio Calcistico Giuseppe Meazza.** Mit dem A.C. und Inter ist die Stadt gleich durch zwei Topclubs in der ersten italienischen Liga, der Serie A, vertreten.

Nach **Rekordbauzeit** mit einem Freundschaftsspiel zwischen den beiden Vereinen 1926 eingeweiht und für die Weltmeisterschaft 1990 komplett überdacht, fasst das Stadion derzeit über 80.000 *tifosi,* also fußballbegeisterte Schlachtenbummler. Diese bezeichnen ihr Stadion übrigens stets nach dem Stadtteil und nie mit dem offiziellen Namen. Vor allem sportliche Gegner finden, dass der Bau eher wie ein Parkhaus als wie eine Kathedrale des Fußballs aussieht ...

Tickets für die häufig ausverkauften Spiele gibt es über die Fanclubs, Spezialanbieter oder direkt beim Stadion. Geldwerter **Tipp:** Man meide die *bagarini* genannten **Schwarzhändler,** die sich vor dem Stadion tummeln. Im günstigsten Fall erleichtern sie mit ihren Wucherpreisen die Reisekasse über Gebühr, im schlimmsten Fall erhält man gefälschte Tickets.

Wenn nicht gerade ein Spiel läuft, **kann das Stadion besichtigt werden.** Die Anlage beherbergt außerdem Fanshops, Restaurants und ein **Museum,** in dem sich Besucher über die ruhmreiche Geschichte der beiden Mailänder Vereine informieren können.

› Piazzale Angelo Moratti, Tel. 02 4042432 (Museum und Tour), www.sansirostadium.com, Eintritt Museum und Tour: 30 €, ermäßigt 23 €, Kinder unter 6 Jahren gratis, geöffnet tgl. 9.30–19 Uhr. Touren in deutscher Sprache auf Anfrage möglich. An Spieltagen geänderte Öffnungszeiten.

Mailands Chinatown

Die ersten chinesischen Familien siedelten sich in den 1920er-Jahren in der Gegend zwischen Parco Sempione 20 und Cimitero Monumentale 33, also **im Nordwesten der Innenstadt** an. Dort vor allem im Bereich der Straßen Via Donato Bramante und Via Paolo Sarpi. Dass sie sich in „Chinatown" befinden, merken Reisende vor allem an den **Shops, Supermärkten, Garküchen** und **Imbissen** mit asiatischen Waren bzw. Speisen.

35 Hippodrom ★ [ah]

Nicht nur Pferdesportfreunde suchen Mailands **Galopprennbahn** auf, sondern auch Fans von **Leonardo da Vinci.** Das Genie hatte Ende des 15. Jahrhunderts nämlich eine gewaltige **Pferdeskulptur** entworfen. Wie viele andere seiner Pläne wurde das Projekt nie realisiert. Ein halbes Jahrtausend später machte sich ein Amerikaner darum verdient, genug Spenden zu sammeln, um das Riesenross in Bronze gießen zu lassen. In den USA gefertigt, kam es 1999 in sieben Einzelteilen in Mailand an. Nach hitzigen Debatten erhielt die über 7 Meter hohe Skulptur ihren jetzigen Standort auf dem Platz vor der Galopprennbahn.

› **Ippodromo SNAI San Siro,** Via Ippodromo, 100, Tel. 02 482161, www.ippodromisnai.it (mit virtueller Tour), Eintritt 5 € (Familienticket 7,50 €)

36 Idroscalo – Mailänder Beachlife ★

Im Sommer ist an Mailands **künstlichem Badesee** östlich der Innenstadt immer etwas los: In den 1920er-Jahren als Landeplatz für Wasserflug-

Zwei Erzrivalen gehen sich ans Leder

Der **Football Club Internazionale Milano** (kurz Inter) und der **Associazione Calcio Milan** (kurz A.C. Milan oder nur Milan) gehören zu den erfolgreichsten Vereinen der Welt. Ein Highlight in der italienischen Spitzenliga Serie A ist das pro Saison logischerweise zweimal stattfindende Stadtderby der beiden Vereine. Die örtlichen „tifosi" nennen diese weltweit beachteten Matches nach der goldenen Muttergottes hoch über dem Domdach (s. S. 16) auch **Derby della Madonnina.** Ihren ganz besonderen Reiz beziehen diese Aufeinandertreffen daraus, dass Inter historisch aus dem älteren A.C. Milan hervorgegangen ist, die Vereine sich das Stadion teilen und beide national und international seit Jahrzehnten ähnlich erfolgreich sind. Mailand ist stolz darauf, neben Manchester als einzige Stadt zwei Champions-League-Sieger vorweisen zu können.

Die Spieler des A.C. laufen in Rot-Schwarz gestreiften Trikots auf und werden daher **Rossoneri** (Rot-Schwarze) genannt. Dazu tragen sie weiße Hosen und schwarze Stutzen. Das Vereinswappen kombiniert die Farben des Vereins und die der Stadt Mailand, zeigt das Akronym ACM im oberen Teil und das Gründungsjahr 1899 im unteren.

051ma Abb.: © Valentino Visentini, dreamstime.com

Die bekanntesten **Milan-Fangruppierungen** nehmen traditionell den Unterrang der Curva Sud des Stadions in Beschlag. Eines der Lieder der **milanisti** ist die Mailänder Hymne „O mia bela Madunina" („Oh meine schöne Madonnina") mit dem Refrain „ma Milan è un gran Milan" („aber Mailand ist ein großes Mailand").

Mit ihren Fangesängen sorgen sie für die Untermalung der Matches, vor allem natürlich, wenn es gegen den 1908 gegründeten Erz- und Lokalrivalen **Inter Mailand** geht. Dessen heißblütigste Anhängerschaft lärmt dann von der Curva Nord aus tüchtig dagegen. Sie nennen sich **interisti** bzw. **Nerazzurri** (die Schwarz-Blauen), denn Schwarz und Blau sind die Vereinsfarben Inters. Entsprechend längsgestreift sind die Trikots der Spieler, dazu schwarze Hosen und schwarze Stutzen.

Inter Mailand ist der einzige Fußballclub, der nie aus der Serie A abgestiegen ist. Die seit Jahrzehnten gepflegte sportliche Rivalität zur Nachbarstadt im Piemont erreicht stets Höhepunkte, wenn es im (inoffiziellen) Derby d'Italia gegen Juventus Turin geht. Die offizielle Vereinshymne der Nerazzurri ist „C'è solo l'Inter" („Es gibt nur Inter").

Mailänder **Titelgewinne** werden auf der Piazza del Duomo gefeiert – Begeisterung und Ausgelassenheit kennen dann kein Halten.

- › Websites der beiden Clubs (inkl. Ticketshop): www.acmilan.com und www.inter.it
- › **„Calcio: Die Italiener und ihr Fußball"**, Birgit Schönau, 224 Seiten, KiWi, 2005. In dem Taschenbuch kommen Informationen über die beiden Mailänder Spitzenclubs nicht zu kurz.

zeuge angelegt, dienen der längliche See und seine Umgebung heute als quasi-maritimes Bade- und Freizeitparadies.

Nicht weit vom Aeroporto di Milano-Linate locken rund um den „Wasserflughafen“ (wörtliche Überstzung von „Idroscalo“) sommernächtliche **Beachclubs, Strandbars, Open-Air-Konzerte** und andere **Vergnügungen** für Groß und Klein. Natürlich lädt der Idroscalo auch zu **Wassersport** aller Art ein. Kajak, Surfen, Segeln, Wasserski – alles kein Problem. Und Mailands erstes Ruderrennen wurde hier schon in den 1930er-Jahren abgehalten. Kioske, Restaurants, Reitmöglichkeiten und Verleihstellen für Sonnenschirme, Liegen und vieles andere mehr runden das Freizeitangebot ab. Mit dem Mini-Zug **Trenino** umrundet man den See an Wochenenden und Feiertagen für kleines Geld.

Nahe der Nordwestecke des Gewässers schließt sich ein für Familienausflüge konzipierter kirmesartiger Freizeitpark namens **Europark Idroscalo Milano** an. Im Sommer öffnet er fast täglich seine Pforten, an den Wochentagen allerdings meist erst abends.

Der Idroscalo und seine nähere Umgebung sind regelmäßig Austragungsorte der unterschiedlichsten Events – mit und ohne Bezug zum Wassersport.

› www.idroscalo.org, Eintritt frei, reguläre Öffnungszeiten des Geländes Mo–Fr 6.30–21, Sa, So 7.30–21 Uhr, bei besonderen Veranstaltungen wesentlich länger. Der See ist nicht weit vom Aeroporto di Milano-Linate entfernt und daher vom Stadtzentrum aus zügig mit der Metrolinie M4 (Endstation Linate) zu erreichen.

★13 **Europark Idroscalo Milano,** Via Rivoltana, 64 a, Segrate (Milano), Tel. 02 70208149, www.europarkmilano.com, Eintritt ab 16 €, ermäßigt ab 12 €, Anfang Juni–Mitte September tgl. geöffnet, sonst v. a. Sa, So, Mitte Nov.–Ende Febr. geschlossen (vgl. Website: „prezzi e orari“), die Öffnungszeiten variieren stark und sind an Samstagen im Sommer am ausgedehntesten: 15–2.30 Uhr. Kleiner und preisgünstiger als Vergnügungsparks im deutschsprachigen Raum.

Mein Tipp

Ausflugsziele

Viele lohnende Ausflugsziele sind von Mailand aus schnell und bequem zu erreichen – auch und gerade mit öffentlichen Verkehrsmitteln: beispielsweise kleinere und damit auch gemütlichere Städte wie etwa **Pavia** (historisches Zentrum mit Dom und anderen spektakulären Sakralbauten), **Vigevano** mit seiner wundervollen Piazza Ducale aus der Renaissance-Zeit oder **Monza** (mit Dom und Königlicher Villa). In Letzterem wird auch jeden September der **Große Preis von Italien** ausgetragen. An manchen rennfreien Tagen können PS-Fans gegen einen Obolus mit ihren eigenen Fahrzeugen im Kreis fahren (Infos: www.monzanet.it, mit Kartenvorverkauf für die Formel 1).

Wer sich etwas länger in Mailand aufhält und dem Trubel der Großstadt einmal entfliehen möchte, kann auch über einen Abstecher an einen der oberitalienischen Seen nachdenken. Es locken unter anderem der **Lago Maggiore** und der **Comer See.** Selbst nach Desenzano-Sirmione am **Gardasee** braucht der Zug nur eine Stunde – über dieselbe Bahnlinie gelangt man übrigens auch weiter nach **Verona** (weitere 20 Minuten) und **Venedig** (weitere 90 Minuten). Wer sich für Bahnreisen Papier- statt Online-Tickets besorgt, muss diese schon vor Fahrtantritt an den Automaten am Bahnhof entwerten.

37 Bergamo ★★★ [S. 58]

Für einen Besuch Bergamos sprechen viele gute Gründe: Die Stadt an sich ist schon eine Reise wert. Sie bietet außerdem Zugang zu Wandertouren und anderen alpinen Aktivitäten. Im Jahr 2023 teilte sich Bergamo mit dem nur 50 km entfernten Brescia den Ehrentitel „Kulturhauptstadt Italiens“ (ausführliche Infos: www.bergamobrescia2023.it).

Von Mailand aus betrachtet, ist Bergamo das **Tor zur Alpenwelt Italiens** – jedenfalls dasjenige, das am schnellsten erreicht werden kann. Dabei ist die Hauptstadt der gleichnamigen Provinz genau genommen nicht nur eine Ortschaft, sondern besteht gleich aus zweien: der hochgelegenen historischen **Città Alta** und der modernen Unterstadt **Città Bassa** südlich davon.

Zwischen den beiden Stadtteilen fährt tagsüber alle paar Minuten der **Bus** der Linie 1. Origineller ist es allerdings, die gute alte **Standseilbahn** *(funicolare)* zu nehmen.

Sowohl die malerische Città Alta als auch die geschäftige Città Bassa erschließen sich Bergamo-Besucher am besten in Form von **gemütlichen Spaziergängen** wie den beiden im folgenden beschriebenen (reine Gehzeit jeweils ca. 45 Min.). Weitere Infos zu den beschriebenen Sehenswürdigkeiten, z. B. Öffnungszeiten und Eintrittspreise, finden sich direkt im Anschluss an die jeweilige Routenbeschreibung, Gastronomie- und Übernachtungstipps am Ende dieses Kapitels (s. S. 66).

⊡ Mächtige Mauern schützen Bergamos Altstadt

Spaziergang durch Bergamos Altstadt

Der Weg ist das Ziel! Höhepunkte des empfohlenen Spaziergangs durch Bergamos **pittoreske Oberstadt** sind nicht nur die einzelnen kurz vorgestellten Sehenswürdigkeiten, sondern auch und gerade das epochenübergreifende **Ensemble wunderschöner Stadthäuser**. Denn entlang der hin und wieder etwas steilen Route werden sich Architekturfreunde an den vielen Baudenkmälern gar nicht sattsehen können.

Los geht es in der Città Bassa! Die **Talstation der Standseilbahn** (*funicolare,* s. S. 65) befindet sich etwa dort, wo die Via Antonio Locatelli auf die langgezogene Kurve der Viale Vittorio Emanuele II trifft. Während der preisgünstigen Fahrt hinauf zur Città Alta wird auch ein Tunnel durch die venezianische Stadtmauer (s. S. 57) passiert. Außerdem genießen die Fahrgäste den **herrlichen Blick** über den Flughafen Bergamo-Orio al Serio hinweg in die Po-Ebene. Kleiner Vorgriff: Später wird es noch höher hinaufgehen.

Oben in der **Città Alta** angekommen, widersteht man (zunächst) der Verlockung, in dem in das Gebäude der Bergstation integrierten, von California Bakery (s. S. 66) betriebenen Café einen Drink oder Imbiss einzunehmen und begibt sich auf der schmalen, aber schmuck gepflasterten Via Gombito schnurstracks zum Herzen der Altstadt, der mittelalterlichen **Piazza Vecchia.**

Für viele ist Bergamos „Alter Platz“ einer der schönsten in ganz Norditalien. Architektonische Highlights sind der **Palazzo della Ragione** und der

033ma Abb.: © paolo ardiani, stock.adobe.com

Palazzo del Podestà. In Letzterem ist **Bergamos historisches Museum** untergebracht. Es umfasst eine archäologische Ausgrabungsstätte und Exponate aus dem 16. Jahrhundert. Im Eintrittspreis ist der Aufstieg auf den 43 Meter hohen mittelalterlichen Turm **Campanone** gleich neben dem Palazzo enthalten.

Von hier sind es nur ein paar Schritte zur **Piazza Duomo,** wo die Front des Doms, das Südportal der **Basilica di Santa Maria Maggiore,** die mehrfarbige Renaissancefassade der **Cappella Colleoni** daneben und das achteckige **Battistero** (Taufkapelle) eine fotogene Einheit bilden.

Der ursprünglich von Filarete (s. S. 35) konzipierte, heute dem hl. Alexander von Bergamo geweihte **Dom** wurde seit dem 15. Jahrhundert mehrfach umgebaut. Innen beeindrucken Goldverzierungen und große Gemälde. Durch einen separaten Eingang nördlich des Portals wird das **Dommuseum mit Domschatz** betreten. Ein besonders bedeutsames Ausstellungsstück, die Tiara (Papstkrone) von Papst Johannes XXIII. (1881–1963), wurde nicht in die Sammlung der Domschatzkammer aufgenommen, sondern befindet sich in der zum Dom gehörenden Cappella di San Vincenzo e di San Giovanni XXIII.

Gleich neben dem Dom steht die unvollendete romanische **Basilika Santa Maria Maggiore** aus dem 12. Jahrhundert – unvollendet, weil Westfassade und Langhaus fehlen. In ihrem Innern erfreuen Stuck, Goldarbeiten

KURZ & KNAPP

Weltkulturerbe Stadtmauer

Die Stadtmauer Bergamos gehört seit 2017 zum UNESCO-Weltkulturerbe. Genau genommen hat sich nicht das Mauerwerk (allein) dafür qualifiziert, sondern die im 16. und 17. Jahrhundert von den Venezianern zum Schutz ihres weltläufigen Handelsnetzwerks im Mittelmeerraum errichteten Festungsanlagen in ihrer Gesamtheit. Zu diesen gehören nicht nur Bollwerke im heutigen Kroatien und Montenegro, sondern auch die wuchtige Befestigung von Bergamos Altstadt. Das 1561 begonnene Bauwerk ist insgesamt etwa sechs Kilometer lang und zählt 14 Bastionen.

Detaillegende Bergamo

14 Donizettis Geburtshaus S. 60
15 Teatro Donizetti S. 60
★16 Palazzo del Podestà S. 61
17 Gelateria La Marianna S. 62
★18 Dom von Bergamo S. 63
19 Museo e tesoro della Cattedrale (Dommuseum und Domschatz) S. 63
★20 Basilica di Santa Maria Maggiore S. 63
★21 Cappella Colleoni S. 63
22 Museo Donizettiano S. 63
★23 Chiesa di Sant'Agata nel Carmine S. 63
24 Civico Museo Archeologico di Bergamo S. 63
25 Museo di Scienze Naturali Enrico Caffi S. 63
★26 Quadriportico del Sentierone S. 64
27 Museo del Burattino (Puppenmuseum) S. 64
28 Accademia Carrara S. 64
29 Kunstgalerie GAMeC S. 64
30 INFOPOINT Bergamo Città Alta (IAT) S. 64
31 INFOPOINT Bergamo Città Bassa (IAT) S. 64
•32 Standseilbahn zur Città Alta (Oberstadt) S. 65
•33 Standseilbahn auf den Hügel San Vigilio S. 65
35 Antica Osteria del Vino Buono S. 66
36 Caffè Del Viale S. 66
37 California Bakery S. 66
38 Da Franco S. 66
39 Enoteca Al Donizetti S. 66
40 Nessi S. 66
42 CentralHostelBG S. 66
43 Hotel Arli S. 66
44 Hotel NH Bergamo S. 66
45 Il Sole S. 66

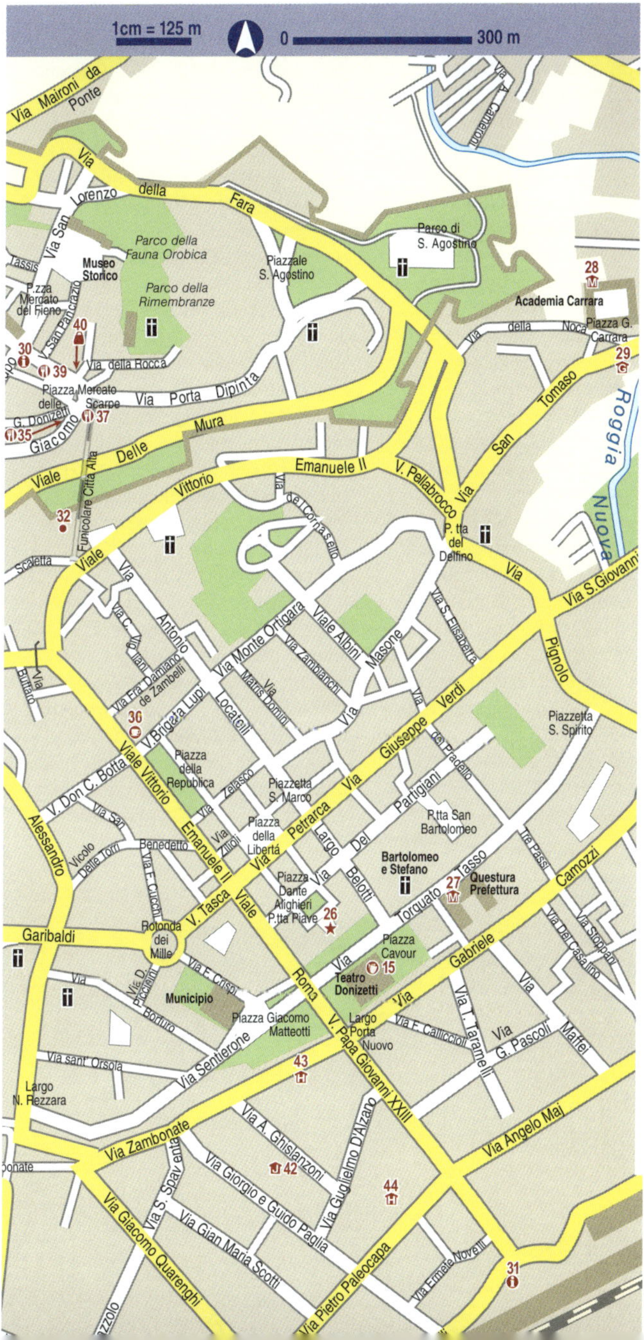

1cm = 125 m
0
300 m
Via Maironi da Ponte
Via San Lorenzo
Via della Fara
Parco della Fauna Orobica
Parco della Rimembranze
Museo Storico
P.zza Mercato del Fieno
V. San Pancrazio
Piazzale S. Agostino
Parco di S. Agostino
Academia Carrara
Piazza G. Carrara
Via della Noca
Via della Rocca
Piazza Mercato delle Scarpe
Via Porta Dipinta
G. Donizetti
Via Delle Mura
Viale Delle Mura
Funicolare Città Alta
Viale Vittorio Emanuele II
V. Pellabrocco
Via San Tomaso
Roggia Nuova
Via dei Cornasello
P. tta del Delfino
Via S. Giovanni
Via Pignolo
Via S. Elisabetta
Viale Albini
Via Masone
Via Monte Ortigara
Via Zambianchi
Via Matris Domini
Via Antonio Locatelli
Via Fra Damiano de Zambelli
V. Brigata Lupi
Via Giuseppe Verdi
Piazzetta S. Spirito
Piazza della Repubblica
Piazzetta S. Marco
Via Petrarca
Via Zelasco
Via Partigiani
P.tta San Bartolomeo
Bartolomeo e Stefano
Questura Prefettura
Via Torquato Tasso
Via Tre Passi
Via Camozzi
Via V. Don C. Botta
Viale Vittorio Emanuele II
Alessandro
Vicolo delle Torri
Benedetto
Via F. Cucchi
Via Zilioli
Piazza della Libertà
Largo Dei Belotti
Piazza Dante Alighieri
P.tta Piave
Garibaldi
Rotonda dei Mille
V. Tasca
Viale Roma
Piazza Cavour
Teatro Donizetti
Via Gabriele Camozzi
Via Del Casalino
Via Stoppani
Via F. Crispi
Via D. Piccinini
Municipio
Via Borfuro
Piazza Giacomo Matteotti
Largo Porta Nuovo
Via F. Calliccioli
Via T. Taramelli
Via G. Pascoli
Via Maffei
Via sant' Orsola
Via Sentierone
V. Papa Giovanni XXIII
Largo N. Rezzara
Via Zambonate
Via A. Ghislanzoni
Via Guglielmo D'Alzano
Via Angelo Maj
Via S. Spaventa
Via Giorgio e Guido Paglia
Via Giacomo Quarenghi
Via Gian Maria Scotti
Via Pietro Paleocapa
Via Ermete Novelli
26 27 28 29 30 31 32 35 36 37 39 40 42 43 44 15

MEIN TIPP

Gaetano Donizetti – Jahrhundertkomponist aus Bergamo

Domenico Gaetano Maria Donizetti (1797–1848) ist als einer der weltweit wichtigsten Opernkomponisten des 19. Jh. der berühmeste Sohn Bergamos. Donizettis Musikalität und Schaffenskraft schlugen sich in der Komposition von über 70 Opern nieder. Viele davon wurden in Mailand uraufgeführt.

Ein halbes Dutzend seiner Werke gehört auch heute noch zum Opern-Standardrepertoire, darunter die Stücke Anna Bolena (1830), L'elisir d'amore (1832) und Lucia di Lammermoor (1835). In Bergamo kann heute Donizettis Geburtshaus besichtigt werden. Auch wurde ihm zu Ehren ein Museum eingerichtet (s. S. 63) und das örtliche Theater sowie das jährliche Opera Festival sind nach ihm benannt.

14 [S. 58] **Donizettis Geburtshaus,** Via Borgo Canale, 14, www.donizetti.org → Casa Natale, geöffnet So 10–13, 14–17 Uhr, Eintritt 3 €, erm. 2 €, Audiotour jeweils 2 € mehr

15 [S. 58] **Teatro Donizetti,** Piazza Camillo Benso Conte di Cavour, 15, Tel. 035 416 0601, www.teatrodonizetti.it

und Gemälde das Auge kirchenkunstsinniger Betrachter. Hinzu kommen das Grab des Komponisten Gaetano Donizetti (siehe links) und Wandteppiche aus verschiedenen Epochen.

Unmittelbar neben der Basilika steht die **Cappella Colleoni** mit einer aus weißen, schwarzen und roten Marmorsteinen in Rautenform zusammengesetzten Renaissancefassade. Mit ihren verspielten Verzierungen gilt sie als Musterbeispiel lombardischer Schmuckfreudigkeit – und stiehlt den beiden anderen Fassaden am Domplatz seit Jahrhunderten die Show. Der namensgebende Söldnerführer Bartolomeo Colleoni ließ das prächtige Gebäude in den 1470er-Jahren als Grabkapelle errichten. Bemerkenswerte Sehenswürdigkeiten im Innern sind die Gräber Colleonis und seiner Tochter Medea.

Entlang der Via Arena geht es weiter zum **Museo Donizettiano.** Es ist Leben und Werk des 1797 in Bergamo geborenen Komponisten Gaetano Donizetti gewidmet. Über die kurze Gasse Via Mura di Santa Grata und die Via S. Salvatore wird nach nur 300 Metern die sehenswerte **Chiesa di Sant'Agata nel Carmine** erreicht.

Ihre unauffällige Fassade schaut auf die schmale, aber stets geschäftige Via Bartolomeo Colleoni, die – quasi als Verlängerung der Via Gombito – Teil der die Oberstadt durchziehenden Hauptachse ist.

Nächster Programmpunkt könnte der **Torre di Adalberto** sein, der einst Teil von Bergamos Zitadelle war.

Gleich neben dem Turm sind heute das **Archäologische** (Civico Museo Archeologico) und das **Naturwissenschaftliche Museum** (Museo di Scienze Naturali Enrico Caffi) untergebracht.

Am Colle Aperto genießen Spaziergänger das Panorama und vielleicht auch ein Stracciatella-Eis. Dessen Rezeptur soll in den 1950er-Jahren just hier in der **Gelateria La Marianna** (s. S. 62) ersonnen worden sein. Preisbewusste Reisende sehen sich die Karte an, bevor sie sich setzen – oder nehmen eine Portion zum Mitnehmen.

Nicht nur der topografische Höhepunkt des Spaziergangs ist der Hügel **San Vigilio**, auf den man von der nahen Station mit einer Standseilbahn schwebt (s. S. 65). Dort warten eine bombastische Aussicht und die **Überreste des Castello di San Vigilio** (Öffnungszeiten des Geländes: tgl. 7–21 Uhr, Nov.–März tgl. 8–17 Uhr, Eintritt frei). Man befindet sich hier fast 500 Meter über dem Meeresspiegel – und damit 250 Meter höher als am Ausgangspunkt der Tour, Bergamos Città Bassa.

Wer sich etwas Süßes gönnen möchte, wird in der Città Alta an vielen Stellen fündig. Die **Konditorei Nessi** (s. S. 66) ganz in der Nähe der Funicolare-Station Richtung Unterstadt z. B. ist sehr beliebt. Viel gelobt wird hier nicht nur der Apfelstrudel mit Zimt und Rosinen. Vor der Rückfahrt in die Unterstadt lässt sich die grandiose Fernsicht dann am besten bei einem Espresso oder Aperitif in der **California Bakery** (s. S. 66) genießen.

★**16** [S. 58] **Palazzo del Podestà,** Piazza Vecchia, 7, Tel. 035 247116, www.museodellestorie.bergamo.it/luogo/palazzo-del-podesta, geöffnet Di, Fr 10–18, Sa, So, Fei 10–19 Uhr, Eintritt 5 €, erm. 3 €, unter 18 Jahren frei, Aufstieg auf den Turm Campanone und das kleine Museo del Cinquecento inklusive

Bergamo ist ein Tor zu den italienischen Alpen

033ma Abb.: © slowcentury, stock.adobe.com

Bergamo – Wiege des Stracciatella-Eises

Stracciatella, die berühmte Speiseeis-Sorte mit geraspelter Schokolade, wurde 1961 von Enrico Panattoni (1928–2013) erfunden, dem Eigentümer des Lokals La Marianna in Bergamos Città Alta.

Die Bezeichnung geht auf das italienische Verb „stracciare“ für „zerfetzen“ zurück, denn die verwendeten Schokoladenstückchen sehen – korrekt zubereitet – zerfetzt aus. Für stilechten Stracciatella-Genuss muss für die weiße Masse „Fior di Latte“ verwendet werden, bestehend aus den Grundstoffen Milch, Sahne, Zucker und Mascarpone. Das einzig wahre Original-Stracciatella gibt es natürlich nach wie vor nur bei La Marianna an Bergamos Colle aperto. Hier rühmt man sich eines noch aufwendigeren Herstellungsverfahrens: Als Eismaschine soll immer noch die gute alte „Carpigiani L40“ mit verzinnter Kupferglocke im Einsatz sein.

Zutaten der Wahl sind frische Milch, Eigelb, Kristallzucker, Sahne, Speisegelatine und ein Stabilisator. Für die Schokoladenstreusel wird dunkle Schokolade eines bestimmten Herstellers mit einem Kakaoanteil von 58 % genommen.

17 [S. 58] **Gelateria La Marianna,** Largo Colle aperto, 4, Oberstadt, Tel. 035 237027, www.lamarianna.it

035ma Abb.: © frenk58, stock.adobe.com

★**18** [S. 58] **Dom von Bergamo,** Piazza Duomo, Tel. 035 210223, www.cattedraledibergamo.it, geöffnet Mo–Fr 7.30–12.30 und 15–18.30 Uhr, Sa, So, Fei 7–18.30 Uhr, Eintritt frei

19 [S. 58] **Museo e tesoro della Cattedrale (Dommuseum und Domschatz),** Piazza Duomo, Tel. 035 248772, Eintritt 5 €, erm. 3 €, geöffnet Do 15–19, Fr 10–13, 15–19, Sa, So, Fei 10–13, 14–19 Uhr

★**20** [S. 58] **Basilica di Santa Maria Maggiore,** Piazza Duomo, 3, www.fondazionemia.it/it/basilica (mit virtueller Tour und Infos zu geführten Besichtigungen), geöffnet Mo–Fr 9–12.30 und 14.30–18, Sa, So, Fei 9–18 Uhr, Eintritt 3 €, ermäßigt 1 €

★**21** [S. 58] **Cappella Colleoni,** Piazza Duomo, geöffnet Di–So 9.30–12.30 und 14–16.30 Uhr (März–Okt. bis 18 Uhr), Eintritt frei

22 [S. 58] **Museo Donizettiano,** Via Arena, 9, Tel. 035 247116, www.museodellestorie.bergamo.it/luogo/museo-donizettiano, geöffnet Do, So, Fei 10–17 Uhr, Eintritt 5 €, ermäßigt 3 €, unter 18 Jahren gratis

★**23** [S. 58] **Chiesa di Sant'Agata nel Carmine,** Via Bartolomeo Colleoni, 29. Eine schlichte Fassade und die eindrucksvolle Innenausstattung kennzeichnen die der hl. Agathe geweihte Kirche. Einschiffiger Innenraum mit beidseitig jeweils fünf sehenswerten Kapellen voller Kirchenkunst aus mehreren Jahrhunderten.

24 [S. 58] **Civico Museo Archeologico di Bergamo,** Piazza Cittadella, 9 Tel. 035 286070, www.museoarcheologicobergamo.it (mit virtueller 360-Grad-Begehung), Di–Fr 9–13 und 14–17, Sa, So, Fei 9.30–17.30 Uhr, Eintritt 3 € (berechtigt auch zum Eintritt in das Museo di Scienze Naturali Enrico Caffi, s. rechts), unter 18 J. gratis. Schwerpunkte des in mittelalterlichem Gemäuer untergebrachten archäologischen Museums Bergamos sind Exponate aus prähistorischer, ägyptischer, römischer, frühchristlicher und lombardischer Zeit.

25 [S. 58] **Museo di Scienze Naturali Enrico Caffi,** Piazza Cittadella, 10, Tel. 035 286011, www.museoscienzebergamo.it, Eintritt 3 € (berechtigt auch zum Eintritt in das Civico Museo Archeologico, s. links), unter 18 J. gratis, Di–Fr 9–13 und 14–17, Sa, So, Fei 9.30–17.30 Uhr, im Sommerhalbjahr (April–Sept.) z. T. etwas länger, 25.12., 1.1. und Mo geschl. Zahlreiche Fossilien und ausgestopfte Tiere machen Paläontologie und Zoologie zum Schwerpunkt des 1918 gegründeten naturwissenschaftlichen Museums. Im kleinen ethnografischen Bereich ragen die Exponate aus Afrika und dem präkolumbischen Amerika heraus.

Fabelwesen auf der Piazza Vecchia

Bummel durch die Unterstadt

Auch ein Bummel durch Bergamos **Città Bassa** könnte an der Talstation der unteren Standseilbahn beginnen.

Auf dem Gehsteig der Viale Vittorio Emanuele II leicht abwärts in südlicher Richtung folgt man zunächst knapp 500 m der **Route der Buslinie 1 in Richtung Hauptbahnhof.** Dabei wird erst ein Kreisverkehr passiert, dann linker Hand das beliebte Caffè Del Viale (s. S. 66) und das nicht zu übersehende mondäne Hotel Excelsior San Marco.

Würde man derselben Hauptstraße weiter folgen, käme man nach nur 300 m am neoklassizistischen, monumentalen **Stadttor Porta Nuova** aus den 1830er-Jahren und dem 45 m hohen **Torre dei Caduti** vorbei und würde nochmals 600 m weiter auf Bergamos Hauptbahnhof und die Touristeninfo INFOPOINT (s. S. 64) stoßen.

Origineller ist es, kurz vor der Porta Nuova – die Hauptstraße hat ihren Namen inzwischen in Viale Roma geändert – links in die Straße Largo Gianandrea Gavazzeni einzubiegen und sich zwischen dem berühmten **Teatro Donizetti** (s. S. 60) und dem säulenreichen Prachtbau **Quadriportico del Sentierone** mit seinen schicken Shops und Cafés westwärts zu halten. Schon nach wenigen Schritten gerät die etwas versteckte, aber sehenswerte **Chiesa dei Santi Bartolomeo e Stefano** ins Blickfeld.

Wer von hier auf dem schnellsten Weg (ca. 20 Gehminuten) zur Accademia Carrara und damit zum End- und kulturellen Höhepunkt des Spaziergangs gelangen möchte, folgt der Via Torquato Tasso an der Südseite der Kirche in nordwestlicher Richtung am **Museo del Burattino (Puppenmuseum)** vorbei und biegt links in die Via Pignolo ein. Die nächste Straße (Via S. Giovanni) rechts und einmal quer durch den kleinen Parco Suardi wird die Via Cesare Battisti erreicht. Nach wenigen Metern kreuzt sich diese bereits mit der Via San Tomaso, der man westwärts bis zur berühmten **Accademia Carrara** folgt – einer der eindrucksvollsten Gemäldegalerien Italiens mit Werken von u. a. Botticelli, Rubens, Tizian und Dürer. Direkt gegenüber stürmen Freunde zeitgenössischer Kunst seit 1991 die **Galerie GAMeC** (Galleria d'Arte Moderna e Contemporanea di Bergamo).

★**26** [S. 58] **Quadriportico del Sentierone,** Largo Gianandrea Gavazzeni, 39

27 [S. 58] **Museo del Burattino (Puppenmuseum),** Via Torquato Tasso, 8 (im Palazzo della Provincia), Tel. 035 225291 und 375 5477303, www.fondazioneravasio.it/museo, geöffnet Di–Fr 15–18, Sa 9.30–12.30, 15–18 Uhr, Eintritt 5 €, erm. 3 €, unter 6 Jahren frei. Handpuppen und Marionetten aus verschiedenen Epochen.

28 [S. 58] **Accademia Carrara,** Piazza Giacomo Carrara, 82, Tel. 035 234396 (Mo–Fr), 035 4122097 (Sa, So), www.lacarrara.it, geöffnet Mo, Mi–Fr 9–17, Di 9–13, Sa, So, Fei 9.30–18.30 Uhr, am letzten Fr im Monat bis 23 Uhr, Eintritt 11 €, erm. ab 5 €

29 [S. 58] **Kunstgalerie GAMeC,** Via San Tomaso, 53, Tel. 035 270272, www.gamec.it, geöffnet Mo, Mi–Fr 15–19, Sa, So 10–19 Uhr, Eintritt 6 €, erm. 4 €. Öffnungszeiten und Eintrittspreise können variieren.

Infostellen

Die drei INFOPOINTS Bergamos sind mit mehrsprachigen Servicekräften und reichlich Infomaterial bestens auf die Bedürfnisse und Interessen von Reisenden eingestellt:

30 [S. 58] **INFOPOINT Bergamo Città Alta (IAT),** Via Gombito, 13 (Erdgeschoss des mittelalterlichen Torre Gombito), Tel. 035 242226, geöffnet tgl. 9.30–19.30 Uhr

31 [S. 58] **INFOPOINT Bergamo Città Bassa (IAT),** Piazzale Guglielmo Marconi 12 (an der Westseite des Platzes vor dem Hauptbahnhof), Tel. 035 210204, geöffnet tgl. 9–13.30, 14–17.30 Uhr

› Der INFOPOINT am **Flughafen Orio al Serio** befindet sich im Ankunftsbereich (westliches Ende der Halle), Tel. 035 320402, geöffnet Mo–Sa 8–20, So 10–18 Uhr

Informative Internetseiten

› **www.comune.bergamo.it:** offizielle Website der Stadt

› **www.visitbergamo.net:** Die Website der Agentur für die Tourismusentwicklung und -förderung der Provinz Bergamo bietet eine Vielzahl nützlicher Infos (auch auf Deutsch) und Download-Broschüren. Gute Ausflugstipps, auch für Ziele in der näheren Umgebung.

› **www.museodellestorie.bergamo.it:** Überblick und Infos zu einigen Top-Sehenswürdigkeiten, mit Online-Buchungsmöglichkeit
› **www.atb.bergamo.it:** Website der Verkehrsbetriebe Bergamos
› **www.donizetti.org → Festival:** Seit 2006 zählt das jährliche Opernfestival zu den kulturellen Highlights Norditaliens.

Verkehrsmittel

Auto

Es ist keine gute Idee, mit dem eigenen **Auto** in die Oberstadt *(Città Alta)* zu fahren: Verkehrsbeschränkungen und Parkplatzmangel sorgen für Stress. Man parkt besser in der Unterstadt und nutzt den Bus (Linie 1) bzw. die Standseilbahn *(funicolare)*. Die Tagestickets sind mit 4,90 € für den Innenstadtbereich (Zone A) bzw. 8,50 € (alle Zonen inkl. Bus vom/zum Flughafen Bergamo) relativ günstig und gelten für beide genannten Verkehrsmittel. Infos zu **Leihfahrrädern** unter www.atb.bergamo.it → bike sharing.

Standseilbahn (funicolare)

- **32** [S. 58] **Standseilbahn zur Città Alta (Oberstadt),** Funicolare Città Bassa – Città Alta, verkehrt grundsätzlich von 7 Uhr morgens bis ca. Mitternacht einige Male pro Stunde, reguläres, grünes 75-Minuten-Ticket „Tariffa A" für 1,70 €
- **33** [S. 58] **Standseilbahn auf den Hügel San Vigilio,** Funicolare San Vigilio, verkehrt grundsätzlich von 7 Uhr morgens bis ca. Mitternacht mehrere Male pro Stunde, ebenfalls reguläres, grünes 75-Minuten-Ticket „Tariffa A" für 1,70 €

› **Detaillierte Infos zum ÖPNV** in Bergamo im Allgemeinen, zu den Standseilbahnen im Speziellen und zu Kombitickets unter www.atb.bergamo.it (Italienisch und Englisch). Die für 14,50 € erhältlichen 72-Stunden-Tickets gelten für alle Zonen und lohnen sich v. a. für Reisende, die mit dem Bus vom/zum Flughafen fahren.

⊡ *Nostalgisch und praktisch: Bergamos Standseilbahnen*

075ma Abb.: js

Shopping

Bergamasker Geschäfte haben meist Dienstag bis Samstag von 9 bis 12.30 und 15 bis 19 Uhr geöffnet, viele Läden außerdem auch Montagnachmittag. In der **Oberstadt** gibt es in den Gassen rund um die Via Rocca, die Via Gombito sowie die Via Colleoni reichlich kleine Läden und Boutiquen. In der **Unterstadt** frönt man dem Kaufrausch am besten in der Umgebung der Viale Giovanni XXIII. Im **Quadriportico del Sentierone** (s. S. 64) wird im Schatten unzähliger Säulen geshoppt.

34 Oriocenter, Via Portico, 71, Tel. 035 4596201, www.oriocenter.it, geöffnet tgl. 9–22 Uhr. Die riesige Mall befindet sich neben dem Flughafen. Von dort sind es zu Fuß nur ca. 10 Minuten zur Mall. **Tipp:** Wer nur Handgepäck dabei hat, kann sich die Kosten für die Gepäckaufbewahrung (ab 5 € pro Tag) beim Flughafenparkplatz sparen und die Gratis-Schließfächer bei den Parkdecks des Oriocenters nutzen.

Essen und Trinken

35 [S. 58] **Antica Osteria del Vino Buono** €-€€, Via Gaetano Donizetti, 25, Tel. 035 247993, Facebook-Seite. Typisch italienische Trattoria mit guten Weinen zu hervorragenden Gerichten bei erfreulichem Preis-Leistungs-Verhältnis.

36 [S. 58] **Caffè Del Viale,** Via Brigata Lupi, 2, Tel. 035 249954, www.caffedelvialebergamo.it. Zwischen Bahnhof und Talstation der Standseilbahn leckere Kaffeespezialitäten genießen.

37 [S. 58] **California Bakery** €, Via Porta Dipinta, 3, Tel. 035 0345085. Die altehrwürdige Café-Bar mit bombastischem Fernblick ist inzwischen Teil einer Franchise-Kette, die auch in Mailand durch die exquisite Lage ihrer Filialen auffällt. Es werden vorwiegend regionale Produkte verwendet. Das beliebte Lokal kann den Ausgangs- oder Schlusspunkt von Expeditionen in die Oberstadt bilden.

38 [S. 58] **Da Franco** €-€€, Via Bartolomeo Colleoni, 8, Oberstadt, Tel. 035 238565, www.dafrancobergamo.org. Pizza und typische Gerichte der Region zu guten Preisen. Tische auch auf dem Vorplatz.

39 [S. 58] **Enoteca Al Donizetti** €€, Via Gombito, 17a, Tel. 035 242661, Facebook-Seite. Große Weinauswahl zu kleinen Gerichten in toller Lage.

40 [S. 58] **Nessi,** Via Gombito, 34, Tel. 035 247073, www.nessicittaalta.it. Seit 1946 Süß- und Feingebäck erster Güte in der Oberstadt. Pizzastücke ab 4 €.

Unterkünfte

41 Bergamo Hostel €, Via Galileo Ferraris 1, Tel. 035 211359, www.ostellodibergamo.it. **Kostengünstig:** ordentlich ausgestattete Jugendherberge recht weit nördlich der Oberstadt. Schlafsaalplatz im 8-Bett-Raum für 18 €. Einzelzimmer 35 €. Auch Doppel- und Familienzimmer.

42 [S. 58] **CentralHostelBG** €, Via Antonio Ghislanzoni, 30, Tel. 035 211359, www.centralhostelbg.com. **Günstig gelegen und preiswert:** Einzel-, Doppel- und Mehrbettzimmer sowie Schlafsäle.

43 [S. 58] **Hotel Arli** €€, Largo Porta Nuova, 12, Tel. 035 222014, www.arli.net (auch auf Deutsch). **Zentral und gediegen:** Gut ausgestattetes 3-Sterne-Hotel in verkehrsgünstiger Lage (Unterstadt). Restaurant, Weinbar und Spa.

44 [S. 58] **Hotel NH Bergamo** €-€€, Via Pietro Palocapa 1/G, Tel. 035 2271811, www.nh-hotels.com/en/hotel/nh-bergamo. **Zweckmäßig:** Solides Mittelklassehotel in zentraler Lage (Unterstadt).

45 [S. 58] **Il Sole** €-€€, Via Bartolomeo Colleoni, 1, Tel. 035 218238, www.ilsolebergamo.com. **Mitten in der historischen Altstadt:** Funktionale Räume in der Oberstadt. Mit viel gelobtem Restaurant.

002ma Abb.: js

Mailand für Kunst- und Museumsfreunde

Museen

Museen gibt es reichlich und nicht wenigen sind im Kapitel „Mailand entdecken“ eigene Abschnitte gewidmet. In Sachen Kunstgeschichte ragt v. a. die Pinacoteca di Brera ⑰ *heraus.*

Viele Museen bieten **Sonderpreise,** z. B. für Familien. Kassenschluss ist oft eine Stunde vor dem Ende der Öffnungszeit. Am ersten Sonntag jeden Monats ist der Eintritt in zahlreichen Museen gratis – und der Andrang entsprechend groß. Viele bestechen mit aufwendigen Online-Auftritten, z. T. inklusive 360-Grad-Rundgängen und virtuellen Ausstellungen.

46 [dh] **ADI Design Museum,** Piazza Compasso d'Oro, 1, Tel. 02 36693790, www.adidesignmuseum.org, Eintritt 15 €, ermäßigt 12 €, geöffnet Sa–Do 10.30–20 Uhr. Seit 2021 in einem umgebauten Industriegebäude untergebracht, hat sich das Museum der Ausstellung und Förderung herausragender Designarbeiten verschrieben. Regelmäßig Specials, z. B. geführte Touren durch die Sammlungen, Workshops für Kinder u. v. m.

47 [A7] **Armani/Silos,** Via Bergognone, 40, Tel. 02 91630010, www.armanisilos.com, Eintritt 12 €, ermäßigt ab 6 €, geöffnet Mi, Fr, So 11–19 Uhr. Die vier Etagen sind verschiedenen Aspekten der Karriere des Modeschöpfers Giorgio Armani gewidmet. Stilvolles Café für Besucher.

⑪ [E3] **Casa di Manzoni.** Zu sehen sind Salon, Arbeits- und Sterbezimmer des Dichters Alessandro Manzoni (s. S. 28).

⑫ [E3] **Casa Museo Poldi Pezzoli.** Neben Werken von Botticelli, Mantegna und Canaletto sind auch Teppiche, Waffen und edler Hausrat zu sehen (s. S. 28).

48 [C4] **Civico Museo Archeologico,** Corso Magenta, 15, www.museoarcheologicomilano.it, Tel. 02 88445208, Eintritt 5 €, ermäßigt 3 €, geöffnet Di–Fr 9.30–13.30, Sa, So 10–17.30 Uhr. Das Museum für Archäologie beschäftigt sich mit der Geschichte der Stadt.

49 [G2] **Galleria d'Arte Moderna Milano (GAM),** Via Palestro, 16, Tel.

Interaktive Wissensvermittlung in der Pinacoteca Ambrosiana (s. S. 24)

Vorseite: Schablonengraffito an einer Mailänder Hauswand

02 88445943, www.gam-milano.com, Eintritt 5 €, erm. 3 €, geöffnet Di–So 10–17.30 Uhr (Museum). Große staatliche Kunstgalerie in der 1781 fertiggestellten Villa Reale (auch Villa Belgiojoso oder Villa Bonaparte). Hier am Südende der Giardini Pubblici Indro Montanelli stoßen Kunstbegeisterte auf mehrere bemerkenswerte Sammlungen. Vertreten sind u. a. Manet und Van Gogh.

13 [F3] **Museo Bagatti Valsecchi.** Der Stadtpalast ermöglicht eine Zeitreise in das Leben zweier Mailänder Aristokraten mit Sammelleidenschaft (s. S. 29).

› **Musei Civici del Castello Sforzesco** (s. S. 34). Das Castello Sforzesco 19 vereint mehrere Museen mit verschiedenen Schwerpunktthemen.

50 [G2] **Museo Civico di Storia Naturale,** Corso Venezia, 55, Tel. 02 88463337, www.museodistorianaturalemilano.it, geöffnet Di–So 10–17.30 Uhr, Eintritt 5 €, ermäßigt 3 €. Wissenswertes zur Naturgeschichte.

› **Museo del Cenacolo Vinciano,** in der Basilica di Santa Maria delle Grazie 24. Hier ist da Vincis großformatiges meisterhaftes Wandgemälde „Das letzte Abendmahl" zu sehen (s. S. 38).

› **Museo del Duomo,** im Palazzo Reale 3. Museum zur Geschichte des Dombaus (s. S. 20).

4 [E4] **Museo del Novecento.** Kunst des 20. Jh. am Domplatz (s. S. 20).

51 [E2] **Museo del Risorgimento,** Via Borgonuovo, 23, Tel. 02 88464173, www.museodelrisorgimento.mi.it, Eintritt frei, geöffnet Di–Fr 9.30–13.30, Sa, So 10–13, 14.30–17.30 Uhr. Italienische Geschichte zwischen 1815 und 1870.

52 [A7] **Museo delle Culture (MUDEC),** Via Tortona, 56, www.mudec.it, Tel. 02 54917, Dauerausstellung gratis, Eintritt für die regelmäßigen Sonderausstellungen ab 16 € (erm. ab 8 €), geöffnet Mo 14.30–19.30, Di, Mi, Fr, So 9.30–19.30, Do und Sa 9.30–22.30 Uhr. Die großen runden Glasflächen der Fassade können von außen und von innen bestaunt werden. Spitzenexponate des Museums der Kulturen stammen aus Afrika, Fernost und dem präkolumbischen Amerika. Schicker Gastronomiebereich mit Sternerestaurant (Online-Reservierung).

53 [D6] **Museo Diocesano,** Corso di Porta Ticinese, 95 (neben der Basilica di Sant'Eustorgio 30), Tel. 02 89420019, www.chiostrisanteustorgio.it, Eintritt 9 €, erm. ab 4 €, geöffnet Di–So 10–18 Uhr. Das Diözesanmuseum zeigt Kirchenkunst.

› **Museo Leonardo3 – Il mondo di Leonardo,** in der Galleria Vittorio Emanuele II 2. Etablierte Ausstellung zu Leonardo da Vincis Leben und Werk (s. S. 19).

28 [B5] **Museo Nazionale della Scienza e della Tecnologia Leonardo da Vinci.** Museum zu Wissenschaft und Technik mit interaktiven Stationen und einer dem Namensgeber gewidmeten Abteilung. Nicht nur für Kinder spannend (s. S. 46).

54 **Museo Storico Alfa Romeo,** Viale Alfa Romeo, Arese (Vorort im Nordwesten Mai-

017ma Abb.: js

› *Museo Leonardo3 – eine gut frequentierte Ausstellung zu Leonardo da Vinci*

lands), www.museoalfaromeo.com (mit Abbildung der wichtigsten Exponate), Tel. 02 44425511, Eintritt 12 €, ermäßigt ab 5 €, geöffnet Mi–Mo 10–18 Uhr. In dem Museum wird die Geschichte des Konzerns Alfa Romeo (Automobile und Flugzeugkomponenten) auf sechs Ebenen nachvollzogen.

› **Museo Teatrale alla Scala,** im Teatro alla Scala 9. Das Museum bietet dem Besucher Einblick in die spannende Geschichte der Scala (s. S. 27).

55 [G2] **Padiglione d'Arte Contemporanea (PAC),** Via Palestro, 14, Tel. 02 88446359, www.pacmilano.it, Eintritt 8 € (erm. ab 4 €), geöffnet Di–So 12–19.30, Do bis 22.30 Uhr. Der 1954 als Pavillon zeitgenössischer Kunst eröffnete PAC ist an die Villa Reale angeschlossen und präsentiert in Wechselausstellungen vor allem die Werke zeitgenössischer italienischer Künstler.

10 [E4] **Palazzo Marino.** Im Hauptgebäude der Stadtverwaltung finden regelmäßig Kunstausstellungen statt (s. S. 27).

› **Pinacoteca Ambrosiana,** im Palazzo dell'Ambrosiana 8, in dem auch die Biblioteca Ambrosiana zu finden ist. Großartige Gemäldesammlung (s. S. 24).

17 [E3] **Pinacoteca di Brera.** Gemäldesammlung von Weltrang (s. S. 31).

22 [C2] **Triennale di Milano.** Kunst und Design jüngeren Datums (s. S. 37).

Die wichtigsten Kunstepochen

Ein Bummel durch Mailand ist auch eine Reise durch die Architekturgeschichte. Ein kurzer Überblick über die wichtigsten hier vertretenen Stilrichtungen mit konkreten Beispielen:

› **Antike:** Römische Villen und Tempel (siehe Säulen vor der Basilica di San Lorenzo Maggiore 29)
› **Langobardisch (als Ausprägung der Vorromanik):** Kreuzrippengewölbe, 5. bis 10. Jh. Teilweise sind Dekoelemente oder kleinere Bauteile von Kirchen, die im Frühmittelalter errichtet wurden, noch erhalten.
› **Romanik:** Im 11. und 12. Jh. dominierte schlichte, eher wuchtige Architektur (siehe z. B. Palazzo della Ragione auf der Piazza dei Mercanti 7 und Hauptbau der Basilica di Sant'Eustorgio 30).
› **Gotik:** Die Bauarbeiten am Mailänder Dom 1 begannen Ende des 14. Jh.
› **Renaissance:** Die Malerei wird ab dem 15. Jahrhundert perspektivisch und die Architektur besinnt sich auf Antikes (siehe Basilica di Santa Maria delle Grazie 24 mit da Vincis Abendmahl-Gemälde).
› **Barock:** Der dekorative, manchmal überbordende Barockstil – wie an der Innenausstattung der Kirchen Chiesa di San Bernardino alle Ossa 5 oder San Vittore al Corpo (s. S. 47) zu sehen – entwickelt sich weiter zum Rokoko des 18. Jh.
› **Klassizismus:** Dieser wieder an der Antike orientierte eher strenge Stil läuft um die Wende zum 19. Jh. zur Hochform auf (siehe Fassade der Scala 9, des Palazzo Reale 3, der Basilica di San Lorenzo Maggiore 29 und vieler weiterer Bauten).
› **Romantik:** Im 19. Jh. werden gotische Elemente wieder schick. Viele Details der Dom-Dekoration entstehen in dieser Zeit.
› **Jugendstil:** Organische und florale Formen dominieren zu Beginn des 20. Jh. auch die norditalienische Ausprägung der Jugendstil-Epoche (siehe Acquario Civico 21).

Mailand für Genießer

Essen und Trinken

Die **lombardische Küche** hat sich sicht- und schmeckbar anders entwickelt als die der angrenzenden Regionen. Während in den italienischen Alpen lange eher schlichte Bauernkost mit Esskastanien und dicker Polenta dominierte und in der Toskana vieles ersonnen wurde, was wir heute als typisch italienische Kost bezeichnen würden, verlegten sich die Mailänder mit Vorliebe auf **Deftiges** und **Herzhaftes.** Denn der bürgerliche Wohlstand und die ringsum florierende Landwirtschaft sorgen dafür, dass in der Küche stets aus dem Vollen geschöpft werden konnte. Dabei sind selbst die üppigsten lombardischen Gerichte im Kern einfach und bodenständig geblieben.

Ein typisches Gericht ist beispielsweise **Ossobuco alla Milanese con risotto giallo:** Die Mailänder Kalbsbeinscheibe mit gelbem Risotto gilt als traditionelles Sonntagsessen der besseren Kreise. Lange schon steht es auch auf Speisekarten der Nachbarregionen, etwa im Tessin. Die Beinscheibe wird mitsamt Markknochen in einem Ragout aus Wein, Brühe und Zwiebeln geschmort. Gerne serviert man sie mit grünen Erbsen. Keinesfalls fehlen darf aber gelbes, leicht flüssiges Risotto, am besten aus Carnaroli-Reis.

Auch **Cassoela** (Schweinefleisch und -rippchen mit Wirsing) wird in Mailand gern gegessen und ist ebenso wie **Cotoletta a la Milanese,** goldgelb paniertes Kalbskotelett, ein Höhepunkt der örtlichen Kulinarik. Es soll kein Zufall sein, dass es dem weitaus berühmteren Wiener Schnitzel zumindest ähnlich sieht: Mailänder schwören Stein und Bein, dass sie ihr *co(s)toletta* schon lange so aßen, bevor die Habsburger das Rezept in ihre Hauptstadt exportierten – von wo aus es dann die Welt eroberte. Schnitzel-Fans kennen das simple Rezept: Der Fleischlappen wird erst in Ei und Semmelbrosel gewälzt und dann in Butter gebacken. Die Österreicher erwidern, dass ihr Schnitzel erstens deutlich dünner und dabei auch nachdrücklicher paniert sei als das der Mailänder und diese ihr *cotoletta* ja obendrein nicht nur mit Kalbfleisch, sondern auch mit Schwei-

011ma Abb.: js

Typische Café-Bar im Zentrum

Panettone-Rezept

So wird Panettone stilecht zubereitet: 250 ml Milch zu 100 g frisch geschmolzener Butter gießen und lauwarm abkühlen lassen. Einen handelsüblichen Hefewürfel hineinbröseln, einen Esslöffel Zucker dazu und alles tüchtig verrühren. Dann 500 g Mehl, einen halben Teelöffel Salz, drei mittelgroße Eier, 1 Esslöffel Zucker und das Mark einer Vanilleschote in eine Schüssel geben. Das Milch- und Hefegemisch dazu und alles zu einem glatten Teig kneten. Diesen zugedeckt an einem warmen Ort eine Stunde gehen lassen. Derweil 125 g Rosinen abspülen, trocken tupfen und nach Ablauf der Stunde mit 125 g Zitronat, 125 g Orangeat und einer Bio-Orangenschale unter den Teig kneten. Anschließend die Panettone-Form, am besten eine mit einem Durchmesser von knapp 20 cm und rund anderthalb Liter Inhalt, mit Fett einreiben. Teig in die Form füllen und abgedeckt 15 Minuten gehen lassen. 1 Esslöffel Zucker und 1 Esslöffel Butter in Flöckchen auf dem Teig verteilen. Im vorgeheizten Backofen (elektrisch: 200 °C/Umluft: 175°/Gas: Stufe 3) knapp 50 Minuten goldbraun backen. Nach 30 Minuten Backzeit eventuell abdecken. Auf einem Gitter in der Form etwa zwei Stunden auskühlen lassen. Buon appetito!

nekoteletts zubereiten würden. Wie auch immer, Hauptsache, alle Beteiligten werden satt.

Eine köstliche Kreation Mailänder Bäcker ist der **Panettone.** Der klassische hohe Weihnachtskuchen aus lockerem Hefeteig mit Rosinen und gehackten kandierten Früchten erfreut sich nicht nur in der Lombardei großer Beliebtheit. Seine Bezeichnung verdankt er dem italienischen Wort für Brot (*pane,* Rezept siehe links).

Das sämige **Mailänder Safran-Risotto** ist nur das bekannteste Beispiel für die Reiskreationen der Gegend. Dank der nahen Anbauflächen in der Po-Ebene ist immer für ausreichend Grundstoff gesorgt. Die Beilage **Polenta**, ein Maisbrei, der traditionell wie Risotto im Kupferkessel über dem offenen Feuer zubereitet wird, haben die Lombarden vermutlich aus den nahen Alpenregionen übernommen.

Natürlich wissen Mailänder auch **Gerichte aus weiter entfernten Landesteilen** zu schätzen. Reisende werden daher in Mailand reichlich „typisch italienische" Küche vorfinden. An Restaurants, Pizzerien, Trattorien, Imbissen und Bars herrscht definitiv kein Mangel. Für alle Geschmäcker und jeden Geldbeutel ist etwas dabei. Die vielen toskanischen Restaurants beispielsweise bieten oft eine gemischte Küche mit Gerichten aus ganz Italien an.

Bemerkenswert: Den frischesten Fisch direkt vom Markt soll es in Italien ausgerechnet in Mailand geben, in einer Stadt also, die selbst in der Luftlinie über 140 km vom Meer entfernt liegt! Grund ist die Rolle der Metropole als italienischer **Hauptumschlagort für Fisch und Meeresfrüchte.**

Auch das **lokale Angebot an Käse** ist besonders groß: Gorgonzola, Grana, Bel Paese, Taleggio und viele andere Kuhmilchkäse (s. S. 74). Diese leckere Auswahl wird durch die vielen anderen Käsesorten aus ganz Italien noch beträchtlich erweitert.

Weine aus den sanft gewellten Hügelketten der **Franciacorta,** dem renommiertesten Anbaugebiet in der Lombardei, spielen zwar bei Festessen in Mailand eine große Rolle, haben sich aber anders als die Konkurrenz aus dem Piemont und der Toskana international nie richtig durchsetzen können.

Landestypischer kulinarischer Tagesablauf

Das **Frühstück** *(colazione)* spielt in Mailand wie in den meisten Gegenden Italiens keine große Rolle. Viele begnügen sich mit einem Espresso und Backwerk, beispielsweise einer fluffigen *brioche*. Auch das **Mittagessen** *(pranzo)* ist für Mailänder normalerweise nicht die Hauptmahlzeit.

Abends wird dann zugeschlagen, mit oder ohne Aperitivo bzw. gern auch währenddessen, denn wo spätnachmittags bzw. am frühen Abend dem Mailänder **Aperitivo-Kult** gefrönt

Mein Tipp

Der Aperitivo: Umtrunk mit Stil

Mit Aperitivo bezeichnet man die Einnahme von **After-Work-Drinks** am frühen Abend, gern begleitet von *stuzzichini* genannten Häppchen aller Art. Er kann größere Unternehmungen einleiten, aber auch der einzige – manchmal recht ausgedehnte – Ausgeh-Programmpunkt bleiben. Ein Aperitivo-Getränk kostet fast überall unter 10 € und selten mehr als 12 €. Gern genommen werden z. B. Longdrinks und Cocktails mit **Campari.** Ungebrochen beliebt ist das In-Getränk **Spritz.** Es heißt so, weil unter Hochdruck stehendes Mineralwasser in wahlweise Campari, Aperol oder Weißwein gespritzt wird. Als Aperitivo-„Kernzeit" gilt ca. 19–21 Uhr.

Mailänder lieben ihre Cafés und Bars

064ma Abb.: js

Käse aus der Lombardei

Gerieben, zerrissen, geschmolzen oder zerbröckelt – in der lombardischen Küche spielt Käse eine nicht zu unterschätzende Rolle. Hintergrund sind vermutlich auch die hervorragenden Bedingungen für die Rinderzucht in der Lombardei und den angrenzenden Regionen, die für einen nie versiegenden Nachschub an frischer und fettreicher Milch sorgen.

Mailänder schätzen Käse von jeher sowohl als Beilage als auch als Dessert oder aber einfach als Snack zwischendurch. Die bekanntesten Sorten der Region im Überblick:

- **Grana Padano** ist neben Gorgonzola der bekannteste Käse der Lombardei. Er ähnelt dem Parmigiano Reggiano aus der Nachbarregion Emilia-Romagna. Als hartkörnige Sorte wird er vor allem gerieben verwendet, um beispielsweise Nudelgerichte zu verfeinern. Gerne nehmen ihn Italiener auch in kleinen Stückchen zu sich, egal ob zum Aperitif, als Beilage oder als Dessert.
- Der würzige Blauschimmelkäse **Gorgonzola** wurde nach einem seiner Herstellungsorte, einem Städtchen zwischen Mailand und Bergamo, benannt. Je länger die Käsemasse mit den Pilzsporen reift, desto „aromatischer" wird der Gorgonzola. Scharfe Varianten reifen 100 Tage und länger. Kenner kombinieren ihn gerne mit Reis oder Sellerie.
- **Mascarpone** ist ein cremiger Frischkäse mit stattlichen 80 % Fettgehalt. In Nordeuropa hat er es als wichtiger Grundstoff für die italienische Süßspeise Tiramisu zu einiger Bekanntheit gebracht.
- Mild und gleichzeitig etwas säuerlich mundet **Taleggio.** Im Laden erkennt man ihn an seiner orangefarbenen Rinde. Aufgeschnitten weist er leichte Schimmelspuren auf.
- **Stracchino** ist eine milde cremige Sorte, die sich hervorragend als Beilage eignet, beispielsweise zu Ofenkartoffeln.

Preiskategorien

Kosten für ein Menü mit Vorspeise *(primo)*, Hauptgericht *(secondo)*, Beilagen *(contorni)* und süßem Nachtisch *(dolce)* ohne Getränke *(bibite)*.

€	bis 25 €
€€	25 € bis 50 €
€€€	über 50 €

Die Preise für einfache Pizzen beginnen bei etwa 7 € zzgl. Gedeck *(coperto)*. Aufwendigere Pizzagerichte kosten meist auch nicht mehr als 12 €.

wird, gibt es in aller Regel Snacks oder sogar ein opulentes Büfett. Der bekannteste Mailänder Aperitif ist der von der Familie Campari erfundene gleichnamige Drink. Das inzwischen populäre „Mittelding" zwischen Aperitivo und Abendessen nennt man **Apericena.**

Lassen Mailänder ein vollständiges **Abendessen** *(cena)* auffahren, könnte dieses so aussehen: Auf eine der typischen **Vorspeisen**, z. B. *bresaola* (dünnes getrocknetes Rindfleisch mit Käsestückchen und Rucola) oder *nervetti* (würzige Knorpel) folgt als *primo* (Vorspeise) ein Reisgericht.

Das bekannteste lokale *secondo* (**Hauptgericht**) ist Ossobuco alla Milanese con risotto giallo (Details s. S. 71). Das Knochenmark gilt dabei als besondere Delikatesse. Dazu lassen sich Kenner gerne *gremolata* bringen, eine würzige Soße auf der Basis von Knoblauch und Zitrone. Als **Nachtisch** nehmen Mailänder gerne etwas Käse oder Tiramisu – genau genommen auch ein Käsegenuss, denn dessen Grundsubstanz ist der cremige Frischkäse Mascarpone.

Hervorhebenswerte Lokale

Mailands **feinste Schlemmermeile** ist die **Via Spadari** [E4] westlich des Domplatzes – eigentlich keine Meile, sondern fast ein eigener Stadtteil, an der auch die Via Speronari und die Via Victor Hugo Anteil haben. Das Unternehmen Peck (s. S. 87) und viele andere betreiben hier Delikatessenläden, edle Ristoranti und Bars.

Selbstverständlich haben Ambiente und Exklusivität ihren Preis. Das Restaurant Cracco's (s. rechts) pflegt zum Beispiel eine experimentelle Küche, für die pro Menü dann dreistellige Summen auf der Rechnung stehen.

Viele Restaurants und Pizzerien schließen nachmittags für einige Stunden. Typische **Öffnungszeiten** sind 12 bis 14.30 Uhr und dann wieder 19 bis 23 Uhr. In der Spitzengastronomie benötigen Normalsterbliche zwingend eine **Reservierung.** Wenn viel los ist, etwa zu Messezeiten oder während der Modewochen, ist die Lage selbst bei sehr langfristiger Planung kritisch. Restaurants mit internationalen Gerichten sind in Mailand seltener als in Nordeuropa.

In den seltenen Fällen, dass die Rechnung keine Gebühr für die Bedienung ausweist, gibt man ca. 10 % **Trinkgeld.** In Bars kann einfach auf volle Euro aufgerundet werden.

Restaurants und Pizzerien

Domplatz und Umgebung

56 [E4] **Cracco's** €€€, Galleria Vittorio Emanuele II, Tel. 02 876774, www.ristorantecracco.it. Chef Carlo Cracco kleckert nicht, sondern klotzt: Ambiente und Menüs sind ausgesprochen edel und sehr stilvoll. Sonntags geschlossen. Das dazugehörige Café ist täglich von 8 bis 24 Uhr geöffnet und serviert auch Cocktails und kleinere Mahlzeiten. Preisbewusste sichten die Karte vor der Bestellung.

57 [E4] **Giacomo Arengario** €€€, Via Guglielmo Marconi, 1, Tel. 02 72093814, www.giacomomilano.com → Restaurants → da Giacomo Arengario. Im dritten Stock des Palazzo dell'Arengario genießt man an der Südseite des Domplatzes einen unbezahlbaren Blick auf den Dom und dazu kostspielige Mahlzeiten in schickem Art-déco-Ambiente. Die Terrassenplätze sind extrem begehrt. Mailands Museo del Novecento ist im selben Gebäude untergebracht.

Nordöstlich des Zentrums

58 [H2] **Pizza OK** €, Via Lambro, 15, Tel. 02 29401272, www.pizzaokmilano.it. Nicht weit von der Metrostation Porta Venezia diniert man in schlichtem Ambiente, wählt aber aus fast 100 Pizzasorten. Die bei Mailändern sehr populäre Kette hat auch in anderen Stadtteilen Filialen. Sichtbares Gütesiegel ist der große Andrang.

59 [F2] **Swiss Corner** €, Via Palestro, 2, Tel. 02 76390698, www.swisscornermilano.it. Stylish eingerichtetes Lounge-Bistro im Gebäude des Centro Svizzero mit rot-weiß gehaltenem Hauptraum

Gastro- und Nightlife-Areale
Bläulich hervorgehobene Bereiche in den Karten kennzeichnen Gebiete mit einem besonders dichten Angebot an Restaurants, Bars, Clubs, Discos etc.

und kleinem Außenbereich. Auf der Karte stehen auch Gerichte, die in Italien als typisch für die Schweiz gelten, z. B. Quiches oder Crêpes. Der Verdauungsspaziergang in den Giardini Pubblici Indro Montanelli ⓯ nebenan ist gratis. Nicht nur Stammgäste schätzen das Frühstück, die Aperitivo-Angebote und die langen Öffnungszeiten.

Brera und weiter nördlich

60 [dh] **10 Corso Como** €€€, Corso Como, 10, Tel. 02 29013581, www.10corsocomo.com/blogs/10cc-cafe. Das schicke Café-Restaurant ist Aperitivo-Bar, Bistro, Kunstgalerie, Boutique und Club in einem. Gilt seit den 1990er-Jahren als Inbegriff von Stil und Kunstsinn.

61 [E2] **Bar Brera** €, Via Brera, 23, Tel. 02 877091. Nennt sich Bar, ist aber eine Ristorante-Pizzeria mitten im schicken gleichnamigen Viertel. Bei schönem Wetter werden auch Tische auf die gepflasterte Gasse gestellt. Eine weitere Besonderheit sind die äußerst großzügigen Öffnungszeiten, nämlich täglich von 6 Uhr morgens bis 2 Uhr nachts. Büfett zur Aperitivo-Zeit ab etwa 17 Uhr.

62 [D2] **Caffe Grand'Italia** €, Corso Garibaldi, 9, Tel. 02 86462414. Heißt Caffe, ist aber eine auch von Einheimischen viel frequentierte Ristorante-Pizzeria nur wenig östlich des Parco Sempione.

Westlich des Zentrums

63 [C4] **Bar Magenta** €, Largo Paolo D'Ancona, 1, Tel. 02 8053808, www.barmagenta.it. In der westlichen Innenstadt seit dem Jahr 1907 eine Institution. Vom Frühstück bis zum üppigen Aperitivo-Büfett (ab 17.30 Uhr) bleiben keine Wünsche offen.

64 [C5] **MAG La Pusterla** €€, Via Edmondo de Amicis, 22, Tel. 02 49755094, Facebook-Seite. An einer belebten Durchgangsstraße gelegenes Bistro-Café mit nobler Einrichtung. Mailänder und Mailandbesucher schätzen die großzügigen Öffnungszeiten bis gegen 2 Uhr nachts. Ordentliche Wein- und Cocktail-Karte, außerdem kleine Snacks aller Art.

014ma Abb.: js

Südwestlich des Zentrums

65 [E5] **Alla Collina Pistoiese** €€, Via Amedei, 1, Tel. 02 86451085, www.allacollinapistoiese.it. Schon seit 1938 toskanische Küche in sehr gediegener Atmosphäre unter Lüstern an einer dunklen Holzdecke.

66 [B6] **Il Mosto Selvatico** €€, Via Cesare da Sesto, 13, www.ilmostoselvatico.com, Tel. 02 89406172. Stilvolles Dinieren in drei unterschiedlich gestalteten Räumen. Zu den Highlights des kulinarischen Programms zählen die Meeresfrüchte. Der Name des Restaurants („Wilder Most") lässt es erahnen: Auch die Weinkarte macht etwas her! Sonntags geschlossen.

67 [A5] **Mappamondo Royal** €, Via Coni Zugna, 9, Tel. 02 43511222, Facebook-Seite. Viel frequentierte Ristorante-Pizzeria unweit des Museo Nazionale della Scienza e della Tecnologia. Auch bei Meeresfrüchte-Gourmets beliebt.

68 [D6] **Rugantino** €€, Via dei Fabbri, 1, (neben den Colonne di San Lorenzo), Tel. 02 89421404, www.rugantinomilano.com. Authentische römische Küche. Wer nur einen Drink in Sichtweite der antiken Säulen einnehmen möchte, hält sich an das minimalistische Martin Café mit seinen unschlagbaren Preisen auf der anderen Straßenseite (Tel. 02 8373721).

69 [A5] **Sant'Ambrogio** €, Via Foppa, 8, Tel. 02 36568287, www.ristorantesantambrogio.com. Völlig zu Recht bekannt für Gegrilltes. Die Plätze auf der Veranda sind begehrt. Vernünftiges Preis-Leistungs-Verhältnis. Montags Ruhetag.

◁ *Üppig begrünt: Außenbereich des MAG La Pusterla*

MEIN TIPP

Beliebte Pizzeriakette

Einheimische stürmen mittags die Filialen dieser etablierten Mailänder Pizzeriakette. Filialen in touristisch relevanten Gegenden:

72 [dg] **Pizzium (1),** Via Pola, 11 (Isola-Viertel nördlich des Zentrums), www.pizzium.com, Tel. 02 35982150.

73 [B7] **Pizzium (2),** Via Vigevano, 33 (Navigli-Viertel), Tel. 02 49695366

74 [H5] **Pizzium (3),** Via Augusto Anfossi, 1 (östlich des Zentrums), Tel. 02 54050232

75 [H1] **Pizzium (4),** Viale Tunisia, 6 (nördöstlich des Zentrums), Tel. 02 29413412

76 [eh] **Pizzium (5)** €, Viale Andrea Doria, 17 (in der Nähe des Hauptbahnhofs), Tel. 02 38312090

Südöstlich des Zentrums

70 [G7] **Giulio, Pane e Oje** €€, Via Ludovico Muratori, 10, Tel. 02 5456189, www.giuliopaneojo.com. Römische Trattoria/Osteria nahe der Porta Romana. Rustikales Ambiente mit reichlich Holz. Bemerkenswerte Weinkarte.

Internationale Küche

Auf ihre kulinarischen Kreationen sind Italiener sehr stolz und Restaurants mit internationaler Küche spielen nicht dieselbe Rolle wie in unseren Breiten. Am ehesten kommt asiatische Küche vor.

71 [E2] **Botinero** €€, Via San Marco, 3, Tel. 02 65560840, www.botinero.it. Die gebürtigen Argentinier und Spielerlegenden von Inter Mailand (s. S. 54) Javier Zanetti und Esteban Cambiasso servieren in ihrem Gourmetrestaurant in Brera am liebsten delikate Steaks. Vitrinen mit Fußballdevotionalien schmücken das außen unauffällige Lokal.

77 [C5] **DedasPuri** €€, Via Edmondo de Amicis, 44, Tel. 375 5409441, www.dedaspuri.it. Georgisches Restaurant der Extraklasse. Sehr beliebt sind die als *Degustazione* bezeichneten Zusammenstellungen mehrerer georgischer Leckerbissen. Der Name des Lokals bedeutet übersetzt „Mutters Brot". Große vegetarische und vegane Auswahl.

78 [D6] **IYI Fusion** €€, Corso di Porta Ticinese, 70, Tel. 02 83660979, www.iyifusion.it. Gehobene japanische Küche in edlem Ambiente.

79 [H1] **Kazan Sushi** €, Viale Tunisia, 6, Tel. 02 29407623, www.kazanmilano.it. Nomen est omen – hier gibt es Sushi.

80 [F3] **Nobu Milan** €€€, Via Gastone Pisoni, 1, www.noburestaurants.com/milan, Tel. 02 62312645. Nobu Matsuhisa kombiniert Japans Küche mit der Kochkunst aller Herren Länder.

Imbisse und Cafés

Die Unterscheidung zwischen Restaurant, Bar, Café und Imbiss ist oft etwas schwierig, da es in praktisch al-

MEINE TIPPS

Lecker vegetarisch

Vegetarier haben es in Mailand leicht, denn die meisten Restaurants haben auch fleischlose Kost im Angebot und viele Pizza-Kreationen kommen ohne Fleisch aus, zum Beispiel der Klassiker „Tre colori" mit Käse, Tomatensoße und Rucola. Ausdrücklich willkommen sind Vegetarier beispielsweise in der **Bar Magenta** (s. S. 76) und im georgischen Restaurant **DedasPuri** (siehe oben).

Vegane Eisspezialitäten

Ausschließlich aus veganen Zutaten zubereitetes Speiseeis erfreut sich weiter wachsender Beliebtheit. Entsprechendes im Sortiment hat z. B. die populäre **Gelateria Latteneve** (s. S. 80) im Navigli-Viertel 31.

Dinner for one

Wer beim Essen **einmal nur für sich sein möchte,** wird auf keine großen Hindernisse stoßen. Auch wenn Italiener es nur mit Mühe nachvollziehen können, dass jemand bei kulinarischen Genüssen Geselligkeit meidet, wird sich fast immer ein Tisch für eine Person finden lassen. Zum guten Ton der Mailänder Gastlichkeit gehört, dass andere Gäste nicht einfach dazugesetzt werden.

Lokale mit guter Aussicht

Vom Restaurant im obersten Stockwerk des **Kaufhauses La Rinascente** (s. S. 86) rechts neben dem Hauptportal zur Galleria genießt man einen unvergleichlichen Blick auf das Domdach gleich daneben.

Besucher mit gut gefüllter Reisekasse werden sich für das **Ristorante Giacomo Arengario** (s. S. 75) im dritten Stock des Palazzo dell'Arengario an der Südseite des Domplatzes interessieren.

Der erste Kaffee

Ein guter Ort, um in Mailand in den Tag zu starten, ist das **Navigli-Viertel** 31. Entlang der Kanäle und in den Seitenstraßen laden kleine Bars und Restaurants zu einem leckeren Frühstück ein.

Wer keine Lust hat, sich bei einem Bummel spontan eines auszusuchen, kann zum Beispiel direkt folgendes kleine Café ansteuern:

81 [C7] **Caffè Napoli,** Via Vigevano, 1, Tel. 02 83478399, www.caffenapoli.com (mit Infos zu weiteren Filialen in der Stadt). Fans deliziöser Espressi werden hier nicht enttäuscht.

len Bars und Cafés auch kleine Mahlzeiten zu genießen gibt, meistens zumindest Sandwiches *(panini).* Bei manchen Läden richtet sich die Funktion auch nach der Uhrzeit.

82 [E4] **Luini,** Via Santa Radegonda, 16, Tel. 02 86461917, www.luini.it. Nur wenige Schritte vom Domplatz und inzwischen kein Geheimtipp mehr. Leckere *panzerotti* (gefüllte Pizzataschen) für knapp 3 €. Häufig lange Schlangen.

83 [F4] **San Babila Café-Bar,** Piazza San Babila, 5, Tel. 02 76001308, Facebook-Seite. Ein wunderbares Beispiel für eine typische Kombination aus Café, Imbiss, Bar und Kiosk nahe der Innenstadt. Leckere Sandwiches ab 4 €, Kaffee ab 2,50 €, Aperitivi ab 5 €. Überdachte Sitzgelegenheiten im Freien.

84 [B6] **Trattoria Da Armando e Christian,** Corso Cristoforo Colombo, 10, Tel. 02 8322062, www.armandoechristian.it. Di und So nur mittags geöffnet. Ein Eckchen Sardinien in Sichtweite der Bahnstation Porta Genova. Ehrliche sardische Küche zu fairen Preisen. Auch Kult-Torwart Gianluigi Buffon war schon da!

Die berühmten, in und um die Galleria Vittorio Emanuele II 2 versammelten Cafés sind überdurchschnittlich kostspielig, v. a. wenn man seinen Espresso oder Imbiss an einem der Tischchen sitzend einnimmt. Zwei besonders bekannte werden exemplarisch kurz vorgestellt. Weitere alteingesessene Galleria-Lokale sind z. B. das **Savini** und **Il Salotto di Milano.**

85 [E4] **Biffi,** Galleria Vittorio Emanuele II, www.biffigalleria.it, Tel. 02 8057961. Auf der rechten Seite zwischen Domplatz und Zentrum der Galleria verwöhnt das historische Biffi seine Gäste bereits seit dem Jahr 1867 mit Kaffeespezialitäten, Drinks und kleinen Essen. Die Biffi Pasticceria (s. S. 80) finden Fans süßer Versuchungen stadtauswärts am Corso Magenta.

MEIN TIPP

„Do like the locals do"

Man wird bares Geld sparen, wenn man es den Mailändern gleichtut und beispielsweise seinen **Espresso** zwischendurch für ab 1 € im Stehen an der Theke einnimmt, anstatt sich wie viele Touristen an die Tische zu setzen: Dann kostet derselbe Genuss nämlich wesentlich mehr.

86 [E4] **Camparino,** Piazza Duomo, 21 (Galleria Vittorio Emanuele II), Tel. 02 86464435, www.camparino.com. Gehört zu den ältesten Lokalen der Stadt und ist als Geburtsstätte des Aperitifs ein Leuchtturm der Mailänder Genusskultur. Der Kultcharakter schlägt sich in den Preisen nieder. Campari-Drinks und Kaffeespezialitäten an der Theke einzunehmen, macht den Besuch erschwinglicher.

87 [H1] **Torrefazione Caffè Ernani,** Corso Buenos Aires, 20, Tel. 375 6572667, www.caffeernani.com/torrefazione-milano. Kaffeekenner loben den ausgezeichneten Espresso in der kleinen Cafébar der Ernani-Rösterei.

Süßes und Eis

Eisdielen und Konditoreien sind in allen Stadtteilen reichlich vorhanden. Eine kleine Auswahl:

88 [C7] **Amorino Milano Navigli,** Alzaia Naviglio Grande, 24, Tel. 02 99204588, www.amorino.com/de → Boutiquen → Italien → Mailand. Das Eiscafé am Kanalufer bietet neben leckerem von Hand gemachten *Gelato* auch Shakes und Heißgetränke aller Art. Dazu köstliche Waffeln, Crêpes u. v. m. Eine der drei weiteren Mailänder Filialen befindet sich in der Galleria Vittorio Emanuele II 2.

Smoker's Guide

Rauchen ist in Italien **in allen öffentlich zugänglichen Räumen strikt untersagt.** Das betrifft auch und gerade Restaurants, Cafés, Discos etc. Ausnahmen gibt es nur, wenn ein streng vom übrigen Lokal abgetrenntes Zimmer mit automatischer Tür vorhanden ist. Da es ein solches meistens nicht gibt, treffen sich Raucher gerne in kleinen und größeren Grüppchen draußen vor der Tür. Italiens Rauchverbotsgesetze werden penibel eingehalten. Dafür sorgen auch die kostspieligen **Bußgelder** für den Fall, dass sich jemand nicht daran hält.

89 [A4] **Biffi Pasticceria,** Corso Magenta, 87, www.biffipasticceria.it, Tel. 02 48006702. Süßigkeiten und Naschwerk erster Güte seit 1847.

90 [E4] **cioccolatItaliani (1),** Via San Raffaele, 6, Tel. 02 89093820. Wie der Name erahnen lässt, dreht sich hier alles um den Genuss von Schokolade – in allen nur denkbaren Verarbeitungen! Die Website liefert einen guten Einblick in die Künste der kompetenten Chocolatiers (www.cioccolatitaliani.it). Zwei der fünf weiteren Mailänder Filialen der Schoko-Feinkostkette findet man in von Touristen ebenfalls viel frequentierten Gegenden:

91 [D5] **cioccolatItaliani (2),** Via Nerino, 11 (Piazza San Giorgio), Tel. 02 72105486

92 [C7] **cioccolatItaliani (3),** Ripa di Porta Ticinese, 1, Tel. 02 84575828. **Tipp:** Wer über den Flughafen bei Bergamo (s. S. 104) an- bzw. abreist, kann sich in der kleinen Filiale in der nahen **Shoppingmall Oriocenter** (s. S. 66) die ersten bzw. letzten Ciocolataitaliani-Naschereien genehmigen.

93 [C7] **Gelateria Latteneve,** Via Vigevano, 27, Tel. 02 39811258, Facebook-Seite. Kleiner, äußerst beliebter Eis-Kiosk im Norden des Navigli-Viertels. Auch veganes Eis und eher ungewohnte Geschmacksrichtungen, z. B. Schoko-Himbeer, Limette, gesalzene Pistazie, Tiramisu u. v. m.

94 [D6] **Gelateria Le Colonne Crêpes Famose,** Corso di Porta Ticinese, 75, Tel. 02 91242565. Ein Schwerpunkt liegt auf leckeren Crêpes – wahre Plombenzieher in Sichtweite der Porta Ticinese.

95 [bi] **Gelateria Marghera,** Via Marghera 33, Tel. 02 468641, www.gelateriamarghera.it. Die von außen recht unscheinbare Eisdiele liegt zwar nicht gerade zentral, erfreut sich dafür aber eines besonders hervorragenden Rufs. Alle möglichen und unmöglichen Geschmacksrichtungen ab 3,10 € pro Portion.

96 [C5] **Gelateria Oasi,** Via dei Fabbri, 26, Tel. 02 84210332, Facebook-Seite. Beliebtes Eiscafé an einer belebten Kreuzung im Südwesten der Innenstadt. Seit Jahrzehnten lieben Gäste die mit Eis gefüllten Brioche (luftige Hefeteigstückchen), Crêpes, Früchtebecher, Kaffeespezialitäten u. v. m.

97 [E4] **Grom (1),** Via Santa Margherita, 16, Tel. 02 80581041, www.gromgelato.com. Berühmte Delikatessen-Gelateria in Sichtweite der Piazza alla Scala. Weitere Filialen:

98 [A4] **Grom (2),** Via Alberto da Giussano, 1a. Im Westen der Innenstadt.

99 [D5] **Grom (3),** Via Cesare Correnti, 1. Im Südwesten der Innenstadt.

100 [C6] **MAG – Mastri Artigiani del Gelato,** Corso Genova, 26, Tel. 02 49454095, www.gelatomag.it. Eisdiele für gehobene Ansprüche.

Am Abend füllen sich die Lokale an den Ufern des Naviglio Grande 31

Mailand am Abend

Ein gelungener Mailänder Abend beginnt um 18 Uhr (plus/minus 1 Stunde) mit einem Aperitivo und leckeren Häppchen, am besten vom Büfett. Typische Aperitif-Getränke sind ein Glas Wein oder ein Drink mit Campari. Der Begriff „Aperitivo" meint übrigens weniger das Getränk als vielmehr das angenehme Ambiente beim geselligen Zusammensein (nach der Arbeit) in einem Café oder einer Bar.

Die **Aperitivo-Zeit** endet meistens zwischen 21 und 22 Uhr. Oft geht sie an Ort und Stelle nahtlos in einen Show-Event oder Livemusik über. An Bars und Restaurants herrscht in Mailand definitiv kein Mangel. Die meisten sind bis etwa 1 Uhr geöffnet. Wer dann noch Energie hat, könnte versuchen, sie in einem der zahlreichen Clubs der Stadt loszuwerden. In den gerade angesagtesten Lokalitäten herrscht vor allem an den Wochenenden bis in die Morgenstunden Hochbetrieb.

Die Grenzen zwischen Café, Bar, Restaurant und Club sind oft fließend. In manchen mittelgroßen Bars mit Livemusik und kleiner Tanzfläche kommt mehr Stimmung auf als in Diskotheken. Vor Mitternacht ist in den großen Clubs meistens nicht viel los.

Etablierte Hotspots des Mailänder Abend- und Nachtlebens sind die Lokale im Brera-Viertel, die Bars und Tavernen an den *navigli* 31 und in deren näherer Umgebung, die Gegend entlang dem Corso Como (guter Ausgangspunkt ist z. B. das 10 Corso Como, s. S. 76), der Corso di Porta Ticinese [D5–7] und der Corso Sempione nordwestlich des Parco Sempione 20.

MEIN TIPP

Kubanisch qualmen in der Raucher-Lounge

Westlich der Innenstadt liegt an der Ecke eines Parks die **Casa del Habano** Mailands. Seit 2006 werden hier erlesene kubanische Zigarren im Raucherzimmer geschmaucht, gerne zu einem Aperitif. Die angenehme Atmosphäre zieht viele Tabak-Fans und Kuba-Begeisterte an. Sonntags geschlossen.

106 [ej] **La Casa del Habano,** Via Augusto Anfossi, 28, geöffnet Mo–Fr 8–19, Sa 8.30–19 Uhr, www.casadelhabano.it, Tel. 02 59900973

Man sollte sich abends einfach eine der hier empfohlenen Bars herauspicken. Es spricht überhaupt nichts dagegen, sich dann mit den meist zahlreich anwesenden freizeitwütigen Locals mittreiben zu lassen. Mit einer gewissen Wahrscheinlichkeit landet man auf diese Weise auch in einem der im Abschnitt „Clubs und Discos" kurz beschriebenen Tanztempel.

Nachtleben

Die **Eintrittspreise** für Diskotheken und Clubs fallen recht unterschiedlich aus. Manchmal wird gar kein Eintritt verlangt, dafür aber ein Mindestkonsum an Getränken. In der Regel sollte man mit etwa 15 oder 20 € rechnen. Bei Sonderveranstaltungen wie Livekonzerten, Fashion Shows und Striptease kann es auch teurer werden. An Abenden ohne Special Events zahlen Frauen manchmal weniger oder gar keinen Eintritt.

Oft kann und sollte vorab **online reserviert** bzw. fest gebucht (Gästeliste) werden. Nicht selten kann in den Clubs bis zu einer bestimmten Stunde relativ spät am Abend auch diniert werden. Üblich ist die Zeitspanne von 19 bis 23 Uhr.

Bars und Pubs

101 [C2] **Bar Bianco,** Viale Enrico Ibsen, 4, Tel. 02 86992026, www.barbianco milano.com. Mitten im Parco Sempione. Mit dem Aperitivo ab 17 Uhr (März–Okt.) gelingt der Start in den Mailänder Abend. Versuchen Sie, einen Platz auf der Terrasse zu bekommen. Kinder sind besonders willkommen.

› **Bar Brera** (s. S. 76). Ist eigentlich eher eine Ristorante-Pizzeria mit Bar und Betrieb bis tief in die Nacht. Natürlich gibt es auch Aperitivo.

102 [B7] **Blues Canal,** Via Casale, 7, Tel. 02 8360799, www.bluescanal milano.com. Mitten im hippen Navigli-Viertel gelegenes, einem Irish Pub nicht unähnliches Lokal, in dem Einheimische und Touristen auch gerne eine Kleinigkeit essen. Regelmäßig Sportübertragungen und Liveacts, z. B. Jam Sessions.

103 [E3] **Bulgari Hotel Bar,** Via Privata Fratelli Gabba, 7b, Tel. 02 8058051, www.bulgarihotels.com/en_US/milan/bar-and-restaurant/il-bar. In der noblen Hotelbar sind Gäste mit dem nötigen Kleingeld unter sich. Herrlicher Außenbereich. Aperitivo ab 18 Uhr.

104 [B1] **Jazz Café,** Corso Sempione, 8, Tel. 02 33604039, www.jazzcafe.it. Nicht weit vom Arco della Pace trifft man sich ab 18 Uhr zum Aperitivo. Mix aus Restaurant, Café, Bar und Club mit häufigen Special Events.

105 [C1] **Living,** Piazza Sempione, 2, Tel. 02 33100824, www.livingmilano.com. Traumlage mit Blick Richtung Parco Sempione. Elegante Lounge-Bar mit imposantem Tresen, im Sommer mit kleinem Außenbereich.

107 [C7] **Morgante Cocktail & Soul,** Via Vicolo Lavandai, 2/A, Tel. 02 35940879, www.morgantecocktail.com. Die Fangemeinde dieses Bar-Restaurants schätzt die leckeren Cocktails und den kleinen Außenbereich. Wild überwucherter Eingang in einer versteckten Seitengasse des Navigli-Viertels. Sonntags geschlossen.

108 [E4] **Straf Bar,** Via San Raffaele, 3, Tel. 02 805081, www.straf.it. Nur einen Katzensprung vom Domplatz und sehr originell, denn die Bar befindet sich in der Straßenfensterfront des gleichnamigen Design-Hotels, von dem sie die Grundmaterialien ihres Interieurs übernommen hat: Zement und Metall.

Clubs und Discos

Wer nicht ordentlich gekleidet und modisch frisiert bei den gerade angesagtesten Partytempeln der Stadt erscheint, muss damit rechnen, von den in dieser Hinsicht denkbar humorlosen **Türstehern** abgewiesen zu werden.

109 [dg] **Alcatraz,** Via Valtellina, 25, Tel. 02 69016352, www.alcatrazmilano.it. Großraumdisco mit sehr viel Platz zum Tanzen und für alle Arten von Sonderveranstaltungen – Kult-DJs aus ganz Europa, prominente Bands, aber auch Newcomer, Modeschauen, Revues, Akrobatik u. v. m.

110 **Amnesia,** Via Alfonso Gatto, Tel. 02 70100702, www.amnesiamilano.com. Etablierter, europaweit bekannter Club. Hier lassen sich regelmäßig internationale DJ-Größen blicken. Ganz in der Nähe des Aeroporto di Milano-Linate.

111 [dh] **Hollywood,** Corso Como, 15, Tel. 335 5653814, www.discotecahollywood.com. Die Eigenbezeichnung „Rythmoteque“ bringt es ganz gut auf den Punkt, denn beatlastige Sounds geben hier den Ton an. Von Hip-Hop über Drum 'n' Bass bis zu lateinamerikanischem Reggaetón kommt alles aus den Boxen, was direkt ins Tanzbein fährt.

112 [C2] **Justme Milano,** Via Luigi Camoens, Tel. 02 311817, www.justmemilano.com. An der Westseite des Parco Sempione bietet der stylishe Club leckere Küche, exklusive Cocktailkreationen und abwechslungsreiche Shows. Hieß viele Jahre „Just Cavalli Milano“.

113 [C2] **Old Fashion,** Viale Luigi Camoens, 1, Tel. 329 0118343, www.oldfashion.it. Untergebracht im Palazzo dell' Arte im Parco Sempione **20** öffnete Old Fashion Milano seine Pforten 1933. Seitdem hat sich der Club regelmäßig neu erfunden, ist dabei aber stets gediegen geblieben. Manche Wochentage stehen unter einem besonderen Motto, z. B. Hip-Hop oder Reggaeton. Besonderheit: In den Sommermonaten kann auch im Freien getanzt werden!

114 [eg] **Tunnel Club,** Via Giovanni Battista Sammartini, 30, Tel. 339 4032702, www.tunnelclub.it. Der populäre Club in der Nähe des Hauptbahnhofs folgt schon seit 1995 dem simplen Konzept: ein DJ oder eine Band und eine Halle voller Feierwütiger.

Theater und Konzerte

Ein Opernbesuch im weltberühmten **Teatro alla Scala** **9** bietet sich natürlich ganz besonders an. Theaterfreunde, die sicher gehen wollen, ihre Wunschvorstellung besuchen zu können, besorgen sich ihre Tickets schon lange vor Reiseantritt. Eine kleine Auswahl weiterer renommierter Bühnen:

115 **TAM Teatro degli Arcimboldi,** Viale dell'Innovazione, 20, www.teatroarcimboldi.it. Großes, modernes Haus im Norden der Stadt.

116 [C4] **Teatro Litta,** Corso Magenta, 24, Tel. 02 86454545, www.teatrolitta.it. Das Teatro Litta bietet ein buntes Programm mit überwiegend ambitionierten Stücken.

117 [F3] **Teatro Manzoni,** Via Alessandro Manzoni, 42, www.teatromanzoni.it, Tel. 02 7636901. Abwechslungsreicher Spielplan in einem besonders stilvollen Schauspielhaus.

118 [C2] **Triennale Milano Teatro,** Viale Alemagna, 6, Tel. 02 89011644, www.triennale.org/magazine/serie/teatro. Das Theater gehört zum Palazzo dell'Arte an der Westseite des Parco Sempione. Tendenziell experimentell.

Piccolo Teatro, das „Kleine Theater", wurde 1947 vom Regisseur Giorgio Strehler (1921–1997) eigentlich als Provisorium gegründet und unterhält heute mehrere hervorragende Bühnen in der Stadt. Dem Gründer lag sehr daran, Stücke nicht nur für eine Elite von (vermeintlichen) Intellektuellen zu inszenieren. Es stehen Klassiker und moderne Stücke auf dem Programm. Das Piccolo Teatro zählt zu den bedeutendsten Theatern Italiens.

› **www.piccoloteatro.org,** Ticket-Tel. 02 21126116 (Mo–Sa 12.30–18 Uhr), Tickets an der jew. Kasse ab 1 Std. vor Veranstaltungsbeginn ab ca. 30 €, erm. ab ca. 20 €. Rechtzeitig reservieren! Bühnen:

119 [D4] **Piccolo Teatro Grassi,** Via Rovello, 2. In der Fußgängerzone zwischen Castello Sforzesco und Dom.

120 [D2] **Piccolo Teatro Strehler,** Largo Greppi, 1, Kasse auch Mo–Sa 12.30–18 Uhr. Zum 1997 eröffneten großen Haus gehört das nahe Studio Melato:

121 [D2] **Piccolo Teatro Studio Melato,** Via Rivoli, 6

Weltberühmter „Musentempel": die Mailänder Scala 9

Mailand zum Stöbern und Shoppen

„Was man in Mailand nicht bekommt, bekommt man nirgendwo", heißt es so schön. Und tatsächlich verfügt die Stadt gleich über mehrere Shoppingareale, von denen das Quadrilatero d'oro (wörtlich: Goldenes Viereck, Slang: „Quad") das bekannteste ist. Eine Shoppingtour könnte in einem der beiden zentral gelegenen großen Kaufhäuser, La Rinascente und Excelsior, beginnen oder auch gleich ins „goldene Modeviereck" führen.

Die **Quadrilatero d'oro** 14, auch „Quadrilatero della Moda" genannt, ist eine **Shoppingzone der Extraklasse** und liegt nordöstlich des Domplatzes. Sie wird von den jeweils parallel zueinander verlaufenden Straßenzügen Via Montenapoleone/Via della Spiga und Via Manzoni/Corso Venezia begrenzt. Hier sind die ganz Großen der Modebranche zu Hause bzw. betreiben zumindest luxuriöse Showrooms. Wie die Mode ändert sich auch ihre Präsentation laufend. Läden schließen, ziehen um oder tauschen den Standort mit einem anderen Label.

Weitere lohnende Shoppingareale sind z. B. der lebhafte **Corso Buenos Aires** [H1/2] mit Läden aller Art und die Straßen und Gassen des **Brera-** bzw. des **Navigli-Viertels** 31, die voll stilvoller und origineller Boutiquen sind. Südwestlich des Domplatzes werden Klamotten günstiger und es gibt eine bunte Palette an kleinen Outlet-Läden und Schnäppchenboutiquen. Auch Kinder stattet man dort zu kleineren Preisen aus, z. B. in der **Via Torino** [E4–D5].

Hervorragende **Designermöbel** kauft man in den Straßen nördlich des Quadrilatero d'oro, etwa in der Via Durini [F4] oder der Via Manzoni [E/F3]. Tolle **Galerien** gibt es in Mailand ebenfalls ohne Ende, relativ viele beispielsweise dicht beieinander in der Fußgängerzone Via Fiori Chiari [D3–E2].

Luxusgeschäfte

122 [F3] **Dolce&Gabbana (1)**, Via Montenapoleone, 4, Tel. 02 77123711, www.dolcegabbana.it. Boutique für Damen und Herren, inklusive Schmuck, Parfüm etc.

Mein Tipp

Mailänder Modewochen

Was Herrenmode angeht, ist Mailand nach überwiegender Expertenmeinung noch vor Paris, New York und London das Maß aller Dinge! In der Damenmode rangiert die Stadt im globalen Fashion-Ranking nach Paris auf Platz 2.

Viermal im Jahr findet die Mailänder Modewoche **(Settimana della moda di Milano)** statt. Renommierte Label stellen dann ihre neuesten Kollektionen in sehr aufwendigen Laufstegpräsentationen vor. Verantwortet werden die Spektakel von der Camera Nazionale della Moda Italiana (www.cameramoda.it, mit weiteren Infos und Listen aktueller Events).

- Januar und Juni: **Milano Moda Uomo** (Herrenmode)
- Februar und September: **Milano Moda Donna** (Damenmode)

Quittung gegen Geldwäsche

Auch Reisende sollten sich für jede Bargeldtransaktion eine **Quittung** *(ricevuta/scontrino)* **ausstellen lassen** und diese dann eine Weile aufbewahren. Hintergrund sind Maßnahmen der Obrigkeit gegen Steuerbetrug per Bargeschäft.

🛍123 [G3] **Dolce&Gabbana (2),** Via della Spiga, 2, Tel. 02 795747. Damenboutique.

🛍124 [G3] **Dolce&Gabbana (3),** Corso Venezia, 15, Tel. 02 76028485. Herrenboutique und -schneider. Die sizilianischen Brüder Dolce und Stefano Gabbana mögen es wie ihre Fans tendenziell schrill. Eine von weiteren D&G-Filialen: im Kaufhaus La Rinascente (s. rechts, Damen, Herren, Kinder, Schuhe).

🛍125 [F3] **Emporio Armani,** Via Alessandro Manzoni, 31, Tel. 02 62312600, www.armani.com. Stilvolles auf höchstem Niveau. Nicht nur Mode, sondern z. B. auch Schmuck und Parfüm. Dependancen in der Stadt, z. B. im Kaufhaus La Rinascente (s. rechts, Herrenmode).

🛍126 [F3] **Gucci,** Via Pietro Verri, 5, Tel. 02 771271, www.gucci.com. Flagship-Store des Modehauses, das in Mailand mehrere Ableger hat, u. a. eine gut besuchte Filiale in der Galleria Vittorio Emanuele II ❷.

🛍127 [F3] **Jimmy Choo,** Via Sant'Andrea, 1A, Tel. 02 45481770, http://row.jimmychoo.com. Berühmter Flagship-Store des chinesischen Schuh- und Täschchendesigners. Wegen der kleinen Grundfläche verteilt sich der Laden auf drei Etagen. Die günstigsten Treter kosten mehrere Hundert Euro. Auch im Kaufhaus La Rinascente (s. r.) gibts Schuhe von Choo.

🛍128 [F3] **Miu Miu,** Via Sant'Andrea, 21, Tel. 02 76001799, www.miumiu.com. Miuccia Prada entwirft gerne Mode für eher zierliche Damen.

🛍129 [F3] **Prada,** Via Montenapoleone, 8 (Damen), Tel. 02 7771771, und Via Montenapoleone, 6 (Herren, gleich daneben), Tel. 02 76020273, www.prada.com. Das vielleicht berühmteste Mailänder Modelabel betreibt im Quadrilatero d'oro noch einen weiteren Store. Zwei weitere – einer für Damen (Tel. 02 876979) und einer für Herren (Tel. 02 87211450) – warten in der Galleria Vittorio Emanuele II ❷ auf solvente Kundschaft.

Concept Stores/Multistores

Concept Stores bieten Shopping-Erlebnisse, die sich nicht auf eine bestimmte Produktgruppe konzentrieren. Gerne kombinieren sie Kommerz-, Kunst-, Kaffee- und kulinarische Freuden auf kleinem Raum.

› **10 Corso Como** 🏵 (s. S. 76), Tel. 02 29002674, www.10corsocomo.com. Die Adresse steht nicht nur für das gleichnamige schicke Café-Restaurant, sondern auch für Shoppingabenteuer mit dem Schwerpunkt Mode und Design. Bei den Kleidungsstücken wird Wert auf Nachhaltigkeit gelegt. Gut Betuchte nächtigen an Ort und Stelle in äußerst stylishen Suiten.

🛍130 [G4] **Brian&Barry,** Via Durini, 28, Tel. 02 92853547, https://shop.brianebarry.it. Fashion & Food: Der direkt an der Piazza San Babila stehende 12-stöckige Turm lockt mit allem, was das Leben schöner macht: Mode für Sie und Ihn, Acessoires, Schmuck, Kosmetik, Delikatessen und vieles mehr. Für das leibliche Wohl sorgen Restaurants und ein Café. Ganz oben hat man einen ausgezeichneten Fernblick.

Einkaufszentren/-passagen

🛍131 [F4] **Excelsior,** Galleria del Corso, 4, Tel. 02 76307301, www.excelsiormilano.com. Neben dem Rinascente das zweite große Spitzenkaufhaus in unmittelbarer Domnähe.

❷ [E4] **Galleria Vittorio Emanuele II.** In diesem architektonischen Glanzstück findet sich eine erlesene Auswahl edler Designershops, u. a. Prada und Gucci.

🛍132 [E4] **La Rinascente,** Piazza del Duomo, Tel. 02 91387388, www.rinascente.it → Stores → Milano Piazza Duomo. Eines der elegantesten Kaufhäuser des ganzen Landes – und das direkt neben dem Dom.

Shoppingareale

Die wichtigsten Shoppingbereiche der Stadt sind im Kartenmaterial mit einer rötlichen Fläche markiert.

Weitere Geschäfte

133 [E2] **Argenteria Dabbene,** Largo Claudio Treves, 2, Ecke Via Balzan, Tel. 02 6554406 und 02 6598890, www.argenteriadabbene.com. Im Herzen des Brera-Viertels steht der Laden seit 1939 für Silberarbeiten der Spitzenklasse. Schmuck und Kunst aus anderen wertvollen Materialien runden das Angebot ab.

134 [E1] **Enoteca Cotti,** Via Solferino, 42, Tel. 02 29001096, www.enotecacotti.it. Eine der ersten Mailänder Adressen für Freunde des Rebensaftes. Seit 1952 findet man hier ein breites Sortiment an Weinen, Spirituosen und Sekt-Spezialitäten.

135 [F4] **Hoepli,** Via Ulrico Hoepli, 5, Tel. 02 864871, www.hoepli.it. Italiens mutmaßlich größte Buchhandlung belegt fünf Stockwerke und hat auch eine Abteilung für deutschsprachige Werke.

136 [E5] **iGix,** Piazza Armando Diaz, 6, Tel. 02 80504572. Südlich des Domplatzes gelegener Souvenirshop mit Mailand-Devotionalien aller Art. Einen Schwerpunkt bilden Fußballfanartikel.

137 [F3] **Miki House,** Via Montenapoleone, 8, Tel. 02 76011448. Das japanische Label hat sich der kostspieligen Bekleidung und Bespaßung von Kindern verschrieben.

138 [D3] **Officina Profumo-Farmaceutica di Santa Maria Novella,** Via Madonnina, 11, Tel. 02 36519630, www.smnovella.com. Ableger der gleichnamigen historischen Apotheke in Florenz mit vielen wohlriechenden Dingen, z. B. Parfüms, Lotionen, Duftkerzen, aber auch Likör.

139 [E4] **Peck,** Via Spadari, 9, Tel. 02 8023161, www.peck.it (mit Infos zu weiteren Filialen in der Stadt). Weltberühmtes Delikatessengeschäft mit schickem Barbereich im Obergeschoss. Kaum ein Gourmet-Wunsch, den das altehrwürdige Peck nicht erfüllt.

140 [dh] **Zàini,** Via Carlo de Cristoforis, 5, Ecke Corso Como, Tel. 02 64914449, www.zainimilano.com. Ihren 100. Geburtstag zelebrierte die Mailänder Schokoladenfabrik Zàini 2013 mit einer furiosen Neueröffnung. In edlem Ambiente mit viel dunklem Holz entdecken und probieren Feinschmecker Unmengen süßer Versuchungen.

MEIN TIPP

Authentischer Straßenmarkt

Im Südwesten der Innenstadt findet jeden Dienstag- und Samstagvormittag an der **Viale Papiniano** ein großer Straßenmarkt statt, der auf die Bedürfnisse der Einheimischen zugeschnitten ist: Kleinhändler verhökern hier weitab vom Touristentrubel Obst, Gemüse, Klamotten, Schuhe und Haushaltswaren.

141 [B5] **Straßenmarkt Viale Papiniano**

083ma Abb.: js

In der Galleria Vittorio Emanuele II 2

Lohnende Discount und Outlet Stores

142 [G3] **Matia's Fashion Outlet,** Corso Venezia, 37, Tel. 02 76281300, www.matiasfashionoutlet.wordpress.com (mit Infos zu weiteren Filialen in anderen Stadtteilen). Preisbewusste zupfen hier so manches Schnäppchen von der Stange, mit etwas Glück Markenware – auch Schuhe und Taschen – zum halben Preis. Mehrere Ableger in anderen Stadtteilen.

› Das Outlet **Vicolungo** mit seinen rund 150 Läden lockt 60 km westlich der Metropole. Unter http://vicolungo.thestyleoutlets.it auch Infos zum Shuttleservice (Abfahrt Mailand 10 Uhr, Rückfahrt 16.30 Uhr, Fahrzeit ca. 1 Std., Online-Reservierung möglich).

Mailand zum Durchatmen

Mehrere Mailänder Gegenden laden ganz besonders zum gepflegten Relaxen ein: Im **Parco Sempione** 20 gleich hinter dem Castello Sforzesco 19 lässt es sich ebenso entspannt abschalten wie im Park **Giardini Pubblici Indro Montanelli** 15 nordöstlich des *centro storico.* Ob mit oder ohne Picknick bleibt jedem selbst überlassen.

Das **Navigli-Viertel** 31 ist die dritte große Chillout-Zone im Bereich der Mailänder Innenstadt. Stress und Hektik werden hier nicht gern gesehen. Tipp: Vom Hafenbecken *darsena* aus den Naviglio Grande entlangspazieren und sich einfach nach Gefühl und Laune in die umliegenden Seitenstraßen treiben lassen, beispielsweise ins angesagte Tortona-Viertel (s. S. 51) westlich des Regionalbahnhofs Stazione Porta Genova.

Der Parco Sempione 20: Chillen mit Blick auf das Castello Sforzesco 19

018ma Abb.: js

MEIN TIPP

Einfach mal für sich sein

Niemand wird Anstoß daran nehmen, wenn man etwas Zeit für sich haben möchte, beispielsweise um in Ruhe zu lesen oder „Leute zu gucken" – ein in Mailand oft sehr lohnender und unterhaltsamer Zeitvertreib. Besonders gut geht das auf einer der zahlreichen Bänke im **Parco Sempione** 20. Bei schönem Wetter laden die vielen Wiesenflächen auch zum Chillen oder zu einem kleinen Nickerchen ein. Keine falsche Scham, viele Mailänder gehen in ihrer Mittagspause mit gutem Beispiel voran!

Wer im Süden der Innenstadt zum Ausspannen ins Grüne möchte, ist mit dem **Parco delle Basiliche** gut bedient. Parallel zum Corso di Porta Ticinese verlaufend, verbindet der gepflegte Park die Basilica di San Lorenzo Maggiore 29 mit der ein paar entspannte Gehminuten weiter südlich gelegenen Basilica di Sant'Eustorgio 30. Oasen der Ruhe findet man außerdem auch in der **QC Terme Milano** (s. S. 122).

Fans mittelalterlichen Ambientes werden sich die **Piazza dei Mercanti** 7 unmittelbar westlich des Domplatzes näher ansehen. Frühmorgens genießt man das eindrucksvolle, uralte Gebäudeensemble am ungestörtesten.

Auch ein Spaziergang durch die malerischen Gassen des **Brera-Viertels** rund um die **Pinacoteca di Brera** 17 sorgt für Entspannung. Besonders gut bummeln lässt es sich zu fast jeder Tageszeit auf der nobel gepflasterten Via Brera, die von der Pinacoteca Richtung Piazza della Scala mit dem gleichnamigen Theater 9 führt.

Zur richtigen Zeit am richtigen Ort

Über das Jahr verteilt finden in Mailand unzählige Musik-, Tanz-, Theater- und Sportfestivals sowie andere wiederkehrende Veranstaltungen statt. Neben den großen Messen spielt auch der Ambrosiustag, also der große Festtag des Stadtpatrons Sant'Ambrogio am 7. Dezember, eine besonders herausragende Rolle. Beispielsweise beginnt an diesem Tag die Mailänder Opernsaison.

Januar

- **Corteo dei Re Magi:** Am Dreikönigstag (6. Januar), einem landesweiten italienischen Feiertag, zieht eine feierliche Prozession vom Dom zur Basilica di Sant'Eustorgio (www.santeustorgio.it/corteo_dei_magi.html).
- **Milano Moda Uomo Autunno/Inverno:** Mailänder Modewoche – Herrenmode Herbst/Winter
- **Chinesisches Neujahrsfest:** Ende Januar bzw. Anfang/Mitte Februar feiern Chinesen „ihr" Neujahr in Mailands kleiner Chinatown (Via Paolo Sarpi und Umgebung, s. S. 53) mit viel Tamtam, Lampions und einem Umzug.

Februar

- **Carnevale Ambrosiano:** Mailands Karnevalsaison endet später als alle anderen, nämlich erst am Samstag nach dem Rosenmontag. An diesem Tag schlängelt sich eine lange Parade bis zum Domplatz. Eine Riesen-Gaudi, nicht nur für Kinder. Mit Gas gefüllte Plastiktiere hängen danach noch tagelang unter dem Triumphbogen der Galleria. In dem Gedränge und Geschiebe rund um die

019ma Abb.: js

Die Mailänder lieben ihren Karneval

Parade sollte man besonders gut auf Wertsachen aufpassen!

- **Milano Moda Donna Autunno/Inverno:** Ende Febr. lässt die Mailänder Damenmode-Elite ihre Kreationen für Herbst/Winter über den Laufsteg stöckeln. Erhöhtes Promiaufkommen ist garantiert!

März

- **MiArt:** Renommierte Messe für zeitgenössisches Design (www.fieramilano.it).
- **Milano Internazionale Antiquariato:** Ende März/Anfang April steigt auf dem Mailänder Messegelände in allen geraden Jahren die Internationale Antiquitäten-Biennale, einer der weltweit wichtigsten Events der Branche.

April

- **Milano (City) Marathon:** An Mailands alljährlichem Stadtmarathon nehmen bisweilen über 10.000 Läufer teil. Dank des flachen Terrains kommt es regelmäßig zu Spitzenzeiten (www.milanomarathon.it).
- **Befreiungstag:** Jeden 25. April feiert ganz Italien die Befreiung durch die Alliierten am Ende des Zweiten Weltkriegs.
- **Salone Internazionale del Mobile:** Europas größte und bedeutendste Möbelmesse erfreut sich eines gewaltigen Andrangs.

Mai

- **Pittori sul Naviglio:** Hunderte Maler stellen ihre Werke im Navigli-Viertel aus. Infos zu diesem und anderen Navigli-Spektakeln: www.navigliogrande.mi.it.

Messestadt Mailand

Mailand ist eine der wichtigsten Messestädte der Welt (Website der Mailänder Messe: www.fieramilano.it). Viele Besucher kommen z. B. nur oder vor allem wegen einer der bedeutenden Modemessen Milano Collezioni im Frühjahr und im Herbst oder wegen der sechstägigen Möbelmesse Salone Internazionale del Mobile im April in die Stadt.

Letztere gilt als wichtigster Design-Event der Welt! Am Messesamstag und -sonntag ist das Gelände übrigens für jedermann zugänglich. Der Salone Internazionale del Mobile beschränkt sich aber schon lange nicht mehr auf das eigentliche Messeareal. In der ganzen Stadt finden Parallelveranstaltungen statt und viele ehemalige Lagerhallen und Hinterhöfe werden zu Galerien und Designershops. Die Ausstellungen und Events drehen sich dabei nicht nur um Möbel, sondern auch und gerade um Livestyle-Design und Ambiente in einem erweiterten Sinn. Mailand atmet jedes Jahr auf, wenn die Besuchermassen wieder abziehen.

Besondere Ereignisse waren die Mailänder Weltausstellungen 1906 und 2015. Bei Letzterer präsentierten sich die meisten Länder der Erde ein halbes Jahr lang unter dem Motto „Den Planeten ernähren, Energie für das Leben" („Feeding the Planet, Energy for life").

Juni

- **Festa dei Navigli:** Aufregende Tage mit Konzerten, Kunstausstellungen und Antiquitätenmärkten im bunten Navigli-Viertel. Höhepunkt ist der erste Sonntag im Juni.
- **Milano Moda Uomo Primavera/Estate:** Im Frühling/Sommer wird auf der Mailänder Modewoche die aktuelle Herrenmode präsentiert.

Juli

- **Estate all'Idroscalo:** Jeden Sommer ziehen diverse Großveranstaltungen Besucherscharen zum künstlichen See Idroscalo im Osten der Stadt.
- **Milano Latin Festival (MLF):** Jedes Jahr im Sommer steht die lateinamerikanische Kultur bei Events in der ganzen Stadt im Mittelpunkt. Besondere Highlights sind die zahlreichen Konzerte, einige davon mit internationalen Showgrößen (Informationen: www.milanolatinfestival.it).

August

- **Ferragosto:** Der katholische Feiertag Mariä Himmelfahrt (15. August) ist ein landesweiter Feiertag, an dem es sich Italiener traditionell besonders gut gehen lassen. Da trifft es sich vorzüglich, dass für viele an diesem Tag der Sommerurlaub losgeht.

September

- **Festival Milano:** Musik, Tanz und Theater von September bis Oktober.
- **Milano Film Festival:** Auf der „offenen Plattform für das internationale Kino" stellen Filmschaffende aus aller Welt Streifen aller Genres vor (www.milanofilmfestival.it).
- **Formel 1 Grand Prix:** Im nur 20 km entfernten Autodromo Nazionale

Gesetzliche Feiertage auf einen Blick

1. Januar: **Capo d'anno** (Neujahr)
6. Januar: **Epifania** (Heilige Drei Könige)
Lunedi dell'Angelo/Pasqua (Ostermontag)
25. April: **Festa della Liberazione** (Tag der Befreiung)
1. Mai: **Festa del lavoro** (Tag der Arbeit)
2. Juni: **Festa della Repubblica** (Gründung der Republik, Nationalfeiertag)
15. August: **Ferragosto** (Mariä Himmelfahrt)
1. November: **Tutti Santi** (Allerheiligen)
7. Dezember: **Fest des Stadtpatrons Sant'Ambrogio**
8. Dezember: **Immacolata Concezione** (Mariä Empfängnis)
25. Dezember: **Natale** (Weihnachten)
26. Dezember: **San Stefano** (Stephanstag)

bei Monza macht der internationale Formel-1-Zirkus jeden September halt – Italiens Mekka für Ferrari- und andere PS-Fans (www.monzanet.it, mit Ticketvorverkauf).

› **Milano Moda Donna Primavera/Estate:** Top-Designer zeigen ihre Frühjahrs- und Sommer-Damenkollektionen für das kommende Jahr.

November

› **Tutti Santi:** An Allerheiligen (1.11.) finden auch in Mailand zahlreiche römisch-katholische Veranstaltungen statt. Privat begehen Italiener diesen besonderen Tag gern mit einem Festessen.

MEIN TIPP

Termine

In vielen guten Hotels liegt die monatlich erscheinende Gratis-Zeitschrift **Where Milan** aus. Sie stellt auf rund 80 Seiten aktuelle Events und touristische Trends zusammen. Online-Ausgabe als PDF und noch mehr Infos: www.wheremilan.com.

Ein weiteres informatives Event-Magazin ist **easy milano** (engl.). Auch dazu findet man online eine schicke Website: www.easymilano.it.

Laut selbstbewusster Selbstauskunft der Betreiber ist **ZERO** seit 1996 das aktuellste Magazin für Events und Lifestyle in Mailand: www.zero.eu/de/milano.

Dezember

› **Festa di Sant'Ambrogio:** Am 7. Dezember wird das Patronatsfest des heiligen Ambrosius (s. S. 45) begangen. Hotspot ist der Straßenmarkt „Oh Bej, oh Bej“ bei der Piazza Sant'Ambrogio. Am selben Tag beginnt traditionell Mailands Opernsaison und die High Society findet sich im Teatro alla Scala ein.

› **Artigiano in Fiera:** Achttägige Kunsthandwerkermesse von Weltrang auf dem Mailänder Messegelände mit Live-Vorführungen und Workshops. Findet immer Anfang Dezember statt (www.artigianoinfiera.it).

› Der Dom 1 hat eine bewegte Geschichte

MAILAND VERSTEHEN

003ma Abb.: js

Mailand – ein Porträt

Die **Hauptstadt der Region Lombardei** ist mit aktuell ca. 1,35 Millionen gemeldeten Einwohnern die zweitgrößte Stadt Italiens. Zusammen mit den zahllosen Vororten ist die **Metropolregion Mailand** der größte und ökonomisch bedeutsamste Ballungsraum des Landes.

Der grobe **Aufbau der Stadt** ist denkbar simpel und leicht zu merken: Unbestrittenes Zentrum des Innenstadtbereichs ist der Domplatz. Seine nähere Umgebung bildet das *centro storico* („historisches Zentrum"). Um diesen Altstadtbereich herum gruppieren sich die Gebiete, die noch zur Innenstadt zählen und dabei alle innerhalb des Straßenrings **Cerchia dei Bastioni** (auch „Cerchia delle Mura") liegen, der in etwa dem Verlauf der Stadtmauer aus spanischer Zeit (16. Jahrhundert) folgt. Darüber hinaus gibt es noch drei weitere **wichtige Straßenringe,** die ebenfalls jeder eine wichtige historische Phase der Stadt markieren: der innere Ring Cerchia dei Navigli entlang der ehemaligen mittelalterlichen Stadtmauer, die „Viali" genannten breiten Alleen des ausgehenden 19. Jahrhunderts und der weite Autobahnring aus noch jüngerer Zeit.

Vom Stadtkern führen **Corsos genannte Alleen** in alle Richtungen aus der Stadt hinaus. Die für Besucher wichtigsten sind der Corso Venezia, der Corso di Porta Ticinese, der Corso Magenta und der Corso Vittorio Ema-

Mailand in Zahlen

- **Einwohnerzahl:** ca. 1,35 Mio., Metropolitanstadt Mailand ca. 3,2 Mio.
- **Höhe:** durchschnittlich 120 m über dem Meeresspiegel
- **Fläche der Stadt:** 182 km²
- **Bevölkerungsdichte:** rund 7500 Personen pro km²
- **Stadtpatron:** heiliger Ambrosius von Mailand

Hinter dem Domplatz **1** *wachsen die Wolkenkratzer heran*

Mailands Stadtmauern und -tore

Die **Stadtmauersysteme** aus der Römerzeit, dem Mittelalter und der Zeit unter spanischer Herrschaft sind nur noch an seltenen Stellen unmittelbar sichtbar. Sie haben aber unübersehbare Spuren in der Straßenführung Mailands hinterlassen.

Als **Mediolanum** von den Römern zur Stadt erhoben wurde, erhielt es einen rechteckigen Mauerkranz mit einer Seitenlänge von rund 700 Metern und insgesamt sechs Toren. Um das Jahr 300 wurde die Mauer erweitert und ausgebaut. An einigen wenigen Stellen sind Reste der fast 11 Meter hohen Mauer aus dem 3. Jahrhundert bis heute erhalten geblieben, zu besichtigen beispielsweise **beim Civico Museo Archeologico** (s. S. 68) am Corso Magenta.

Ende des 12. Jahrhunderts begannen die Arbeiten an einem neuen Mauerkranz mit sieben Haupt- und einer Reihe von Nebentoren. Bemerkenswert: Bis ins 20. Jahrhundert hinein hielt sich der mittelalterliche Stadtgraben in Gestalt und Funktion eines Kanalsystems. Nach dem Ersten Weltkrieg wurde der Graben zugeschüttet und durch Straßen ersetzt.

Die dritte und raumgreifendste Ummauerung wurde unter den Spaniern 1560 vollendet. Ende des 18. Jahrhunderts hatte Mailand dann elf Haupttore, von denen die hier **fett gedruckten** noch heute existieren:

- **Porta Garibaldi** (bis 1860 Porta Comasina)
- Porta Lodovica
- Porta Magenta (bis 1859 Porta Vercellina)
- **Porta Nuova**
- **Porta Romana**
- Porta Sempione (früher Porta Giovia) als **Arco della Pace** (s. S. 38)
- **Porta Ticinese** (unter französischer Herrschaft Porta Marengo)
- **Porta Volta,** früher Porta Tenaglia
- **Porta Venezia** (bis 1860 Porta Orientale)
- Porta Vigentina
- Porta Vittoria (früher Porta Tosa)

020ma Abb.: © vpardi, stock.adobe.com

nuele II. Im Zusammenspiel mit dem Cerchia die Bastioni und anderen zu ihm parallel verlaufenden Straßenringen ergibt sich für den Innenstadtbereich der Eindruck eines **Spinnennetzes** mit dem Dom als eindeutigem Zentrum.

Den nicht vorhandenen Fluss ersetzen die Kanäle des **Navigli-Viertels** 31 im Südwesten der Stadt.

Von den Anfängen bis zur Gegenwart

Ursprünglich von Kelten gegründet, erlebte die Stadt unter den **Römern** einen raschen Aufschwung. Ende des 4. Jahrhunderts übte **Bischof Ambrosius** (Sant'Ambrogio) einen besonders nachhaltigen Einfluss auf ihre Entwicklung aus.

Die Bauwut der Adelsfamilien **Visconti** und **Sforza** prägen das Antlitz Mailands noch heute. Unübersehbare steinere Zeitzeugen sind zum Beispiel das wuchtige Castello Sforzesco 19 und der riesige Komplex Ca' Granda. Letzterer beherbergt heute unter anderem das Hauptgebäude der größten Mailänder **Universität.**

Vor allem die Sforza verpassten Mailand auch so manche Renaissance-Sehenswürdigkeit. Der Hof beschäftigte dafür unter anderem sogar **Leonardo da Vinci.** Das Universalgenie lebte und wirkte rund 20 Jahre in der Stadt (s. S. 46).

KURZ & KNAPP

Der Stadtname

Alle heute gängigen Bezeichnungen gehen auf das **lateinische „Mediolanum“** zurück, was – geografisch einwandfrei zutreffend – „mitten in der Ebene“ bedeutet. Daraus wurde in heutigen Sprachen:

- Lombardisch: Milàn
- Italienisch: Milano
- Englisch: Milan

Mailands Geschichte im Überblick

Von der Antike bis zur Völkerwanderung

Schon von der vorrömischen bis zu der Zeit, die wir heute Mittelalter nennen, ging es in und um Mailand ganz schön rund. Die klimatisch und geografisch bevorzugte Gegend lockte erst keltische Siedler an, dann die Römer und schließlich zur Völkerwanderung aufgebrochene germanische Gruppen. Die für die Stadt Mailand wohl prägendste Persönlichkeit dieser 1000 Jahre umfassenden Zeitspanne war der heilige Ambrosius (339–397, s. S. 45).

ca. 400 v. Chr. (nach anderer Ansicht schon früher): Die keltischen Insubrer besiedeln die Gegend.

222 v. Chr.: Die Römer erobern die Siedlung und geben ihr den lateinischen Namen Mediolanum.

286: Mailand wird Hauptstadt der Weströmischen Reichshälfte.

313: Mit dem Mailänder Toleranzedikt wird den Christen Glaubensfreiheit garantiert.

374–397: Ambrosius übt als Mailänder Bischof großen Einfluss auf die weitere Stadtentwicklung aus.

387: Ambrosius tauft seinen Meisterschüler Augustinus – später herausragender Kirchenlehrer an der Epochenschwelle zwischen Antike und Mittelalter.

402: Westgoten belagern die Stadt.

452: Die Hunnen nehmen Mailand ein.

539: Ostgoten zerstören die Stadt mitsamt den meisten römischen Überbleibseln.

569: Die Langobarden übernehmen die Herrschaft und geben der Region ihren Namen – Lombardei.

Mailand im Mittelalter

Auch Mailands „Mittelalter" war äußerst ereignisreich. Die nachhaltigsten Vorkommnisse dieser Zeit dürften die gründliche Zerstörung der Stadt 1162 durch Kaiser Friedrich I. Barbarossa und die Idee, eine gotische Kathedrale der Superlative zu errichten, gewesen sein. Am Übergang zur „Neuzeit" beherrschten Mitglieder der Familie Visconti die Stadt.

774: Mailand wird unter Karl dem Großen Teil des Frankenreiches.

10. Jahrhundert: Die Bewohner empfinden sich mehr und mehr als „Milanesi", eine individuelle städtische Gemeinschaft mit eigenen Interessen.

1162: Die Truppen Kaiser Friedrichs I. Barbarossa zerstören große Teile der Stadt. Wenig später gründen lombardische Städte einen Städtebund unter Mailänder Führung.

1259: Der Angriff des kaisertreuen Feudalherrn Ezzelino da Romano wird erfolgreich abgewehrt.

1277: Erzbischof Visconti besiegt mit der Familie della Torre seine ärgsten Widersacher und beginnt mit dem Ausbau der Mailänder Hegemonie.

1385: Gian Galeazzo Visconti wird Alleinherrscher. Die Visconti beherrschen die Stadt bis 1447.

1388: Die Fundamente des Mailänder Doms werden gelegt.

Vom Beginn der Neuzeit bis 1900

Zu Beginn der Neuzeit wird der Visconti-Clan von den Sforza abgelöst. Die Renaissance-Fürsten fördern die Kunst im großen Stil. Ein von ihnen protegiertes Genie hinterlässt besonders viele Spuren in Mailand – Leonardo da Vinci. In den darauffolgenden Jahrhunderten haben fremde Mächte das Sagen, darunter die Habsburger, die Franzosen und die Spanier.

1450: Mailand fällt an die Sforza. Diese begründen den Ruf der Stadt als Perle der italienischen Renaissance.

1515: Das Herzogtum wird Frankreichs König Franz I. zugesprochen.

1525: Mailand und ganz Norditalien fallen an das Haus Habsburg.

1556: Die Stadt geht an die von Philipp II. begründete spanische Linie der Habsburger über.

1560: Einweihung der neuen Stadtmauer. Ihre prunkvollen Tore sind größtenteils noch heute erhalten.

1704: Nach drei Jahren müssen die Franzosen Norditalien zugunsten der österreichischen Habsburger aufgeben.

1778: Einweihung des Teatro alla Scala als ein Höhepunkt der kulturellen Blüte unter Maria Theresia

1796: Napoleon erobert die Lombardei.

1815: Auf dem Wiener Kongress wird Mailand wieder Österreich zugesprochen.

1848: Das österreichische Militär schlägt den Aufstand der Cinque Giornate (fünf Tage) nieder.

1859: Mailand fällt an das Haus Sardinien-Piemont und wird Teil des Königreichs Italien.

1876: Die erste Ausgabe der heute noch einflussreichen Tageszeitung Corriere della Sera erscheint.

1877: Mit der Galleria Vittorio Emanuele II wird die älteste überdachte Einkaufspassage der Welt fertiggestellt.

1883: Einweihung des ersten Elektrizitätswerks auf dem europäischen Festland

20. Jahrhundert

Nach der italienischen Einigung 1861 setzt ein rasanter wirtschaftlicher Aufschwung ein, der mit der Weltausstellung 1906 einen gefeierten Höhepunkt erreicht. Im Zweiten Weltkrieg werden große Teile der Stadt zerstört. Ab den 1950er-Jahren geht es wirtschaftlich wieder steil bergauf. An dem anhaltenden Boom wird 30 Jahre später auch ein gewisser Berlusconi Anteil haben.

1906: Weltausstellung *(Esposizione internazionale del Sempione)* mit dem Themenschwerpunkt Verkehr

1922: Mailand ist der Ausgangspunkt für Mussolinis Marsch auf Rom.

1931: Einweihung des Hauptbahnhofs Stazione di Milano Centrale

1943: Das Teatro alla Scala und viele andere historische Gebäude werden bei einem britischen Bombenangriff zerstört.

1945: Mussolinis Leiche wird auf der Piazzale Loreto aufgehängt.

1950er-Jahre: Aufgrund des wirtschaftlichen Aufschwungs setzt der Zuzug von Millionen Süditalienern in die Lombardei ein.

1960: Das Pirelli-Hochhaus ist kurze Zeit das höchste Europas.

1970er-Jahre: Mailand ist Zentrum von Studentenaufständen.

1971: Mailand erreicht mit über 1,7 Millionen seine maximale Einwohnerzahl.

1980er-Jahre: Die wirtschaftliche Blüte verhilft auch Silvio Berlusconi zu geschäftlichem und politischem Erfolg. Zwischen 1994 und 2011 wird er viermal italienischer Ministerpräsident.

1990er-Jahre: Das Erstarken regionaler Parteien unterstreicht den notorischen Unwillen des reichen Nordens, seinen Wohlstand mit den Süditalienern zu teilen.

21. Jahrhundert

Zu Beginn des Jahrhunderts prägen Aufstieg und Eskapaden des Mailänder Unternehmers und Politikers Silvio Berlusconi (1936–2023) das Bild Italiens. 2012 wird im Stadtteil Porta Nuova das höchste Gebäude Italiens (231 m) eröffnet und 2015 richtet Mailand die Weltausstellung Expo aus. Die Norditalien Anfang 2020 erreichende globale COVID-19-Pandemie trifft Bergamo, Mailand und weitere Orte in der Lombardei hart.

2015: Über 20 Millionen Menschen besuchen die Weltausstellung Expo 2015.

2019: Mailand und der Skiort Cortina d'Ampezzo setzen sich als Austragungsorte für die Olympischen Winterspiele 2026 durch.

Juli 2023: Fertigstellung des Teilstücks der neuen Metrolinie M4 vom Aeroporto di Milano-Linate zur Piazza San Babila

Dezember 2023: Am Teatro alla Scala 9 kommt zur Eröffnung der Saison 2023/2024 eine Neuinterpretation der Oper Don Carlos von Giuseppe Verdi (s. S. 26) zur Aufführung.

Leben in der Stadt

Mailand ist die **zweitgrößte Stadt Italiens,** Sitz der gleichnamigen Metropolitanstadt und Hauptstadt der Region **Lombardei** *(Lombardia).* Die Region um Mailand ist der größte italienische Ballungsraum und zählt bei einer relativ niedrigen Arbeitslosenquote zu den wohlhabendsten Gegenden Europas.

Nach der Einigung Italiens entwickelte sich Mailand ab der zweiten Hälfte des 19. Jahrhunderts zur **größten Industriestadt** des Landes. Sie ist heute die führende **Kultur-, Medien- und Modemetropole** Italiens, **Sitz der Italienischen Börse** und **eine der wichtigsten Messestädte der Welt.** Auch ihre herausragende Bedeutung als **Musik- und Theaterzentrum** ist unbestritten. Die beiden örtlichen Fußballclubs Inter und A.C. Milan (s. S. 54) gehören zu den bekanntesten Sportvereinen der Welt.

Dank seiner verkehrsgünstigen Lage in der oberitalienischen Poebene war Mailand in früheren Zeiten begehrtes Ziel von Invasoren und ist heute ein wichtiger **Knotenpunkt des europäischen Verkehrsnetzes.**

021ma Abb.: js

Knapp 80% der Einwohner sind Italiener, in der großen Mehrzahl Katholiken. Bemerkenswert ist die nach allen Schätzungen hohe Zahl von *clandestini,* also **nicht registrierten Ausländern** ohne Papiere – die meisten von ihnen aus afrikanischen Ländern.

Mailand ist eine **Tourismushochburg** mit mehreren Millionen Besuchern jährlich. Die bekannteste und meistbesuchte Sehenswürdigkeit ist der Dom 1, gefolgt von der Galleria Vittorio Emanuele II 2 (sprich Vittorio Emanuele Secondo), die sich gleich daneben befindet. Wer diese Einkaufspassage der Extraklasse einmal der Länge nach durchschreitet, steht schon vor dem Teatro alla Scala 9, einem der berühmtesten Opernhäuser der Welt. Auch Leonardo da Vincis Wandgemälde „Das letzte Abendmahl" in der Basilica di Santa Maria delle Grazie 24, die Pinacoteca di Brera 17 und das mächtige Stadtschloss Castello Sforzesco 19 sind Besuchermagneten.

Abends auf dem Corso di Porta Ticinese [D5–7]

Mailand – Stadt der Wissenschaft und Bildung

Die Hauptstadt der Lombardei ist auch über ein halbes Jahrtausend nach Leonardo da Vinci (s. S. 46) ein Forschungsstandort von Weltrang. Dafür sorgen sieben Universitäten mit insgesamt rund 50 Fakultäten.

Allein an der 1923 gegründeten **Universität Mailand** (Università degli Studi di Milano, kurz La Statale) sind derzeit rund 60.000 Studierende eingeschrieben. Als größte Hochschule Norditaliens ist sie stolzes Mitglied der Liga europäischer Forschungsuniversitäten (LERU), die sich ausgezeichneter Lehre und international wettbewerbsfähiger Spitzenforschung verschrieben haben.

Das Hauptgebäude der Universität ist heute in der „Ca' Granda" (eigentlich Casa Grande, also großes Haus) untergebracht. Der Mailänder Edelmann Francesco Sforza ließ diesen mächtigen Bau Mitte des 15. Jahrhunderts südlich der Chiesa di San Bernardino alle Ossa 5 als „Ospedale Maggiore" (Großes Hospital) errichten.

Die heute größte **Technische Hochschule Italiens** (Politecnico di Milano) nahm ihren Betrieb 1863 auf.

Die **Katholische Universität vom Heiligen Herzen** (Università Cattolica del Sacro Cuore) ist mit rund 40.000 immatrikulierten Studenten an sechs Standorten die größte private Universität Europas und die größte katholische Universität überhaupt. Ihren Sitz hat sie unmittelbar neben der Basilica di Sant'Ambrogio (27).

Hinzu kommen viele bekannte Akademien und Kunsthochschulen, darunter die 1776 von der österreichischen Kaiserin Maria Theresia gegründete Mailänder **Akademie der Schönen Künste** (Accademia di Belle Arti) im Stadtteil Brera. Dort ist sie im selben Palazzo untergebracht wie die weltberühmte Pinacoteca di Brera (17).

Das Mailänder **Konservatorium** existiert seit 1807 und ist heute die größte Musikhochschule Italiens. Peinlich: 1832 lehnten die Profimusiker mit Giuseppe Verdi (s. S. 26) ausgerechnet den Komponisten als Schüler ab, der später an der Scala (9) eine ganze Serie von Welterfolgen feiern sollte. Kurz vor Verdis Tod wurde das Konservatorium nach ihm benannt.

Provokative Kunst auf der Piazza degli Affari [D4]

084ma Abb.: js

Die Mailänder

Mailand ist nicht Italien und hat mit Apulien und Sizilien weniger gemeinsam als mit der Schweiz und Österreich. Davon sind die Mailänder selbst am meisten überzeugt. Für sie ist Mailand nicht nur die wahre Hauptstadt, sondern auch die italienische Stadt mit der großartigsten Zukunft. Nach der gelungenen **EXPO 2015** werde man das auch bei den **Olympischen Winterspielen 2026** einmal mehr eindrucksvoll unter Beweis stellen (www.milanocortina2026.org).

Besucher, die das erste Mal in die Stadt kommen, empfinden Mailand oft als **laut und hektisch.** Das selbstbewusste Auftreten vieler Mailänder kommt auch bei ihren Landsleuten nicht immer nur gut an. **Kritische Stimmen** bescheinigen den stolzen *Milanesi* einen gewissen Hang zur übertriebenen Selbstinszenierung und Hochnäsigkeit. Allerdings sind sich alle wieder sehr einig, wenn es um die Benennung einiger **Vorlieben** geht, die für Mailänder Lebensart stehen und viele seiner Bewohner eint: Da wäre der Kult um den oft abendfüllenden Aperitivo (s. S. 73), die heiße Liebe für Inter und A.C. Milan, die beiden Top-Fußballclubs der Stadt, kulinarische Genüsse wie Mailänder Kalbsbeinscheibe und natürlich die Begeisterung für Mode, Design und alle anderen Dinge, die das Leben verschönern. Das inoffizielle italienische Daseinsmotto **„piacere di vivere"** (schwer zu übersetzen, sinngemäß: das Geschenk des Lebens genussreich zelebrieren) gilt auch und gerade in der schicken Hauptstadt der Lombardei.

Ihre sprichwörtliche **Hartnäckigkeit** haben Mailänder mit dem Dombau eindrucksvoll bewiesen – denn dieser zog sich über sechs Jahrhunderte hin.

Drei Fragen an einen typischen Mailänder

Francesco, was haltet ihr jungen Mailänder vom Tourismus-Boom?

Naja, wir sehen den Ansturm ehrlich gesagt differenziert. Zum einen kommt Geld in die Stadt und viele Besucher bedeuten wohl auch hohes Prestige. Auf der anderen Seite hat uns der Tourismus ganz schön die Preise verdorben, vor allem in der Innenstadt. Das ist auch einer der Gründe, weshalb man auf dem Domplatz keine „normalen" Mailänder treffen wird, schon gar nicht am Wochenende.

Was machen Mailänder am Wochenende?

Jeder, der es sich leisten kann, fährt mit der Familie oder Freunden raus aus der Stadt, am besten in die Berge oder im Sommer auch an die Küsten. Ein oder zwei Stunden und schon ist man da. Die Anhänger unserer beiden weltberühmten Fußballclubs zieht es ins Stadion und das jährliche Formel-1-Rennen in Monza ist natürlich „unser" Rennen! Die meisten Italiener, die am Wochenende durch die Innenstadt bummeln oder unsere großen Kaufhäuser stürmen, sind Touristen.

Was ist in Mailand anders als im Rest der Welt?

Wir sind nicht das, was Nordeuropäer für „richtige" Italiener halten. Wir sind „Milanées" mit eigener Identität und eigenem Charakter. In unserem Dialekt, den leider immer weniger Leute vernünftig beherrschen, bezeichnen wir uns auch als „Meneghìt". Der Rest Italiens nennt uns „Milanesi". Wir grenzen uns gern in alle Richtungen ab: Von unseren Erzrivalen in Turin, vom armen Süditalien und natürlich auch gegenüber euch Nordlichtern. Touristen, die unmodisch oder gar stil- und geschmacklos gekleidet hier erscheinen, dürfen sicher sein, von uns aufrichtig bedauert zu werden.

Neues in Mailands Museen

Besucher dürfen sich weiter über eine wachsende Anzahl von überregional bedeutsamen Kunsthallen, Ausstellungen u. Ä. freuen. So wurde 2014 mit dem **Museo dei Bambini di Milano** (s. S. 118) ein außergewöhnliches Kindermuseum und Kulturzentrum eröffnet. Untergebracht ist es in der Rotonda della Besana, einem sehenswerten barocken Komplex mit kreisförmigem Grundriss im Südosten der Innenstadt. Die Anlage war schon immer das von vielen Mailändern bevorzugte traditionelle Ausflugsziel bei Kindergeburtstagen gewesen.

In den 2010er-Jahren brachte nicht zuletzt die sehr gut besuchte Weltausstellung **Expo 2015** Mailands Kunst- und Kulturszene einigen Rückenwind: Das 2015 eröffnete extravagante Modemuseum **Armani/Silos** (s. S. 68) ist in einem 1950 erbauten ehemaligen Getreidespeicher untergebracht – diesem Umstand hat das Objekt, auch auf besonderen Wunsch Giorgio Armanis, den Beinamen „Silos" zu verdanken. Auf vier thematisch voneinander abgegrenzten Etagen bekommen Besucher mit Hunderten Kleidungsstücken und Accessoires aus den Prêtà-porter-Kollektionen Giorgio Armanis von 1980 bis heute einen Überblick über die jahrzehntelange Karriere des Meisters.

Nur einen Katzensprung davon entfernt eröffnete ebenfalls 2015 das **Museo delle Culture** (MUDEC, s. S. 69) im Innenhof der ehemaligen Lokomotivwerke Ansaldo. Mehr noch als bei anderen Museumsneubauten ist bereits die Architektur der Anlage ein Erlebnis: Stararchitekt David Chipperfield ließ Bauelemente aus Glas und Beton montieren. Diese wirken von außen quaderförmig und verzücken innen mit vorhangartiger Anmutung rund um das große Atrium im Obergeschoss. Zur Abrundung eines Besuchs kann man dem angeschlossenen Sternerestaurant einen Besuch abstatten. Kurios: Die geplante Eröffnung verschob sich vom Anfang der Expo 2015 zu deren Ende hin, da sich Chipperfield wegen Querelen aus dem Projekt verabschiedete – dabei soll es u. a. um die Qualität des Fußbodenbelags gegangen sein.

Keine Neu-, sondern eine Wiedereröffnung erlebte 2015 das ursprünglich 1976 gegründete Automobil- und Luftfahrtmuseum **La macchina del tempo – Museo Storico Alfa Romeo** (s. S. 69) in einem Vorort nordwestlich von Mailand. Die Ausstellungsfläche ist auf sechs Ebenen in vier Themenbereiche unterteilt. Besondere Highlights sind fantastisch hergerichtete Alfa-Romeo-Fahrzeuge aus der ersten Hälfte des 20. Jahrhunderts und Triebwerke aus verschiedenen Epochen der Luftfahrtgeschichte.

Im Mai 2021 öffnete mit dem **ADI Design Museum** (s. S. 68) ein neuer Treffpunkt für Designbegeisterte seine Pforten. Dabei versteht es sich nicht als bloße Ausstellung, sondern als modernes Kulturzentrum, das die Geschichte des italienischen und des internationalen Designs feiert.

Mit vielen altehrwürdigen Mailänder Museen teilen sich die (Neu-)Eröffnungen den Ansatz, neben dem Auge auch andere Sinne anzusprechen. So sind oft **Audioguides** vorhanden, manchmal auch Gelegenheiten, sich **interaktiv** mit einem bestimmten Thema zu befassen. Auch sind an bedeutende Museen fast immer schicke **Cafés** angeschlossen, z. T. sogar eigene **Restaurants.**

Das Angebot an Kunstsammlungen, Galerien und Ausstellungen in Mailand wird aber nicht nur größer, sondern gleichzeitig auch vielfältiger: Viele renommierte Häuser bieten regelmäßig bemerkenswerte **Sonderausstellungen** (siehe unten, Details auf den jeweiligen Websites).

Mailands Museenlandschaft hilft, die Anziehungskraft und das Profil der Metropole als **vitale Kunst- und Kulturstadt von Weltrang** zu stärken.

Die Besucherströme versiegen nicht. Dies zeigt auch der Umstand, dass die 2013 nur für einen bestimmten Zeitraum vorgesehene Sonderausstellung **Museo Leonardo3 – Il mondo di Leonardo** (s. S. 19) am Nordausgang der Galleria Vittorio Emanuele II ❷ inzwischen eine Dauereinrichtung geworden ist.

KURZ & KNAPP

Institutionen mit lohnenswerten Sonderausstellungen

- **Galleria d'Arte Moderna Milano** (GAM, s. S. 68)
- **Museo delle Culture** (MUDEC, s. S. 69)
- **Padiglione d'Arte Contemporanea** (PAC, s. S. 70)
- **Palazzo Reale** ❸
- **Triennale di Milano** ㉒

PRAKTISCHE REISETIPPS

005ma Abb.: js

An- und Rückreise

Sowohl **Mailand** als auch **Bergamo** sind aus Deutschland, Österreich und der Schweiz hervorragend per Flugzeug, Zug, Fernbus und mit dem eigenen Fahrzeug zu erreichen.

Mit dem Flugzeug

Drei internationale Flughäfen befinden sich in der näheren Umgebung Mailands: Der **Aeroporto di Milano-Malpensa** (MXP, www.milanomalpensa-airport.com), wird als zweitgrößter Verkehrsflughafen Italiens mehrmals täglich von vielen europäischen Städten aus angeflogen. Er liegt 50 km nordwestlich der Innenstadt. Um in Mailands Zentrum zu gelangen, gibt es mehrere Möglichkeiten. Sehr empfehlenswert ist die **Buslinie Malpensa Shuttle**, die den Flughafen rund um die Uhr ein- bis dreimal pro Stunde zu vernünftigen Preisen mit der Innenstadt verbindet.

Erwachsene zahlen einfach 10 €, Kinder bis einschließlich 12 Jahren 5 €. Wer Hin- und Rückfahrt als Kombiticket *(andata e ritorno)* erwirbt, zahlt als Erwachsener nur 16 €. Für Kinder gibt es nur One-Way-Fahrkarten. Der Bus hat mehrere Haltestellen. Die für Touristen interessanteste ist für gewöhnlich die bei der Stazione Centrale (Hauptbahnhof) 32. Der Shuttlebus **Autostradale** (www.autostradale.it) bietet in etwa die gleichen Konditionen und zirkuliert zwischen ca. 5.30 Uhr und tief in der Nacht. Eine Alternative ist der Zug **Malpensa Express** (www.malpensaexpress.it), der von ca. 5.30 Uhr bis gegen 1.30 Uhr alle 30 Minuten über den Regionalbahnhof Cadorna zur Stazione Centrale startet und 13 € kostet. Eine **Taxifahrt** in die Innenstadt ist mit 90 € aufwärts ziemlich kostspielig.

Auch der **Aeroporto di Milano-Linate „Enrico Forlanini"** (LIN, www.milanolinate-airport.com) ist hervorragend in das europäische Fluglinienetz eingebunden. Seit 2023 verbindet ein fertiggestellter Abschnitt der neuen, top-modernen **Metrolinie M4** den Aeroporto di Milano-Linate mit der Piazza San Babila 16 östlich des Domplatzes. Eine **Taxifahrt** in die Stadt schlägt mit mindestens 40 € zu Buche.

Der kleinere Flughafen **Aeroporto di Bergamo-Orio al Serio** – inzwischen meist **Milan Bergamo Airport** genannt – (BGY, www.milanbergamoairport.it) liegt etwa 50 km nordöstlich von Mailand bei **Bergamo** 37 und wird vorzugsweise von Billigfliegern angesteuert. Diese bieten vor allem in der Nebensaison Sitzplatzkontingente zu sehr konkurrenzfähigen Preisen an.

Wer seinen Aufenthalt nicht mit einer Shuttlebusfahrt im Berufsverkehr nach Mailand beginnen möchte und vielleicht sowieso vorhat, sich auch Bergamo anzusehen, kann mit dem **Airport Bus** (20-Minuten-Takt) für 3 € zum Hauptbahnhof in der Unterstadt von Bergamo fahren. Nach der Besichtigung der Altstadt und einem kleinen Imbiss kann es dann mit dem Regionalzug für 5–6 € staufrei weiter nach Mailand gehen.

Wer statt nach Bergamo gleich nach Mailand möchte, wählt einen **Shuttlebus**, beispielsweise den von Autostradale, der derzeit mit einem attraktiven Fahrpreis von 10 € lockt

Vorseite: Auf zwei Rädern kommt man manchmal schneller voran

Bus zum Rückflug

Gelegentlich verpassen Mailand-Reisende ihren Rückflug, weil sie den vermeintlich letztmöglichen Transferbus zum Flughafen nehmen. Zum Airport Malpensa beispielsweise benötigt dieser selbst unter günstigen Verkehrsbedingungen ca. eine Stunde. Dabei ist zu beachten, dass beide Terminals angefahren werden und dazwischen noch einmal mindestens zehn Minuten vergehen. Bei zähen Verkehrsverhältnissen oder einem der in der Metropolregion recht häufigen Staus schaut man seinem Flieger dann von der Autobahn aus hinterher oder bekommt „The gate is closed" zu hören. So schwer es auch fällt: Lieber etwas früher von Mailand losreißen und einen Bus vorher nehmen.

Weiter in Mailands Innenstadt

Egal, wohin in Mailand der Transfer führt, man befindet sich in jedem Fall in der Nähe einer **U-Bahn-Station,** die einen zuverlässigen und kostengünstigen Anschluss an die Innenstadt sichert. Ein Ticket für eine einfache Fahrt kostet 2,20 € (s. S. 128).

(www.autostradale.it). Außer tief in der Nacht startet grundsätzlich alle 30 Minuten ein Bus zur Stazione Centrale (Hauptbahnhof). Die Fahrtzeit beträgt bei günstigen Verkehrsverhältnissen etwa eine Stunde, im Berufsverkehr und bei Stau wesentlich länger. Es gibt weitere Bustransferanbieter, z. B. Terravision (www.terravision.eu), die ähnliche Konditionen bieten. **Taxifahrten** nach Mailand sind mit mindestens 100 € oft teurer als der Billigflug, mit dem Reisende den Bergamasker Flufghafen anfliegen.

Flugpreise

Ein **Economy-Ticket** von Deutschland, Österreich und der Schweiz nach Mailand und zurück ist mit etwas Rechercheaufwand und Glück für unter 150 € zu haben (inkl. aller Steuern, Gebühren und Entgelte). Wesentlich teurer ist es zu Ferienzeiten, z. B. um Ostern. **Billigfluglinien** bieten gelegentlich Schnäppchen im Bereich von 20 bis 50 € (Endpreis einfache Strecke) an – in aller Regel exklusive Gepäck.

Mit dem Zug

Der Mailänder **Hauptbahnhof** 32 ist als besonders wichtiger Knotenpunkt Oberitaliens hervorragend an das internationale Schnellzugstreckennetz Europas angebunden. Eine **ICE-Verbindung** benötigt beispielsweise ab Frankfurt am Main im günstigsten Fall weniger als acht Stunden nach Mailand (ICE bis Basel).

Sehr interessant sind die Direktverbindungen ab München bzw. Wien mit dem **ÖBB-Nightjet** (Sitz-, Liege- und Schlafwagen, reservierungspflichtig). Abfahrt in München ca. 20 Uhr (Wien ca. 19.15 Uhr), Ankunft in Mailand jeweils ca. 8 Uhr. Dort angefahren werden derzeit (Stand 2024) die Endstationen Milano Lambrate und Milano Porta Garibaldi. Mit großzügigem zeitlichen Vorlauf können Sonderangebote gebucht werden.

Tipp für Sparfüchse mit viel Zeit, denen mehrfache Umstiege nichts ausmachen: Mit dem (Super-)Sparpreis Europa der Deutschen Bahn fährt man für unter 40 € nach Chiasso in der Schweiz (alternativ auch nach Bellinzano oder Lugano). BahnCard-Inhaber erhalten auf diesen Preis noch einmal einen Rabatt. Von Chiasso sind es dann nur noch 60 km bis Mailand.

037ma Abb.: js

Wer auch auf dieser Weiterfahrt sparen möchte, besorgt sich noch in der Schweiz eine italienische Nahverkehrs-Bahnkarte nach Mailand.

Achtung: Ab der italienischen Grenze gelten für Züge oberhalb der Nahverkehrslinien oft Reservierungspflichten – ein Grund mehr, ab Chiasso auf die Lokalbahn zu vertrauen. Tickets dafür gibt es im Tessin am Automaten, und zwar auch gegen Euro.

Spielt **Zeit keine große Rolle,** kann ein Teilstück der Zugfahrt auch mit der Rhätischen Bahn (seit 2008 UNESCO-Weltkulturerbe) übers Engadin und den Berninapass bis Tirano und dann weiter durchs Veltlin und am Comer See vorbei zurückgelegt werden. Auch dazu ein Spartipp: Bei der (Super-) Sparpreis-Europa-Suche (DB) Endstation Tirano eingeben.

Vom Mailänder Hauptbahnhof erreicht man mit der U-Bahn-Linie M3 innerhalb weniger Minuten den Domplatz. Ein Ticket für eine einfache Fahrt kostet 2,20 € (s. S. 128).

› **Italienische Bahn:** www.trenitalia.it (auch Onlinebuchung), Tel. 892021 (Callcenter), aus dem Ausland 7–24 Uhr: Tel. +39 06 5210550

Mit dem Fernbus

Busreisen nach Mailand werden von verschiedenen Veranstaltern angeboten und sind unter Umständen preisgünstiger als Flugzeug oder Bahn.

› www.busliniensuche.de
› www.checkmybus.de
› www.fernbusse.de

Mit dem eigenen Auto

An Wochenenden und rund um Ferienbeginn bzw. -ende sind die Autobahnen über die Alpen chronisch überlastet, ganz besonders tagsüber. Ein Ausweichen auf Landstraßen bringt meistens nichts. Für Österreich und die Schweiz benötigt man eine **Autobahnvignette.** Auch die meisten **italienischen Autobahnen sind mautpflichtig.** Die Maut *(pedaggio)* kann stets (auch) bar bezahlt werden. Preisbeispiel: Von der Schweizer Grenze fällt bis nach Mailand eine Mautgebühr von rund 5 € an (Stand:

2024). Mautrechner Italien: www.au tostrade.it → Parti adesso.

Um nach Italien zu fahren, reicht der nationale **Führerschein** aus. Die **grüne Versicherungskarte** erleichtert eine etwaige Unfallabwicklung. Wie im Heimatland sind stets **Fahrzeugpapiere** mitzuführen.

Autofahren

In Mailands Innenstadt mit dem eigenen Auto umherzufahren, ist so unnötig wie stressig und daher nicht empfehlenswert.

Für Reisende, die dieses Abenteuer dennoch wagen möchten oder müssen, sind hier einige wichtige Hinweise für Autofahrten in und nach Mailand aufgeführt:

- Die **Promillegrenze** liegt bei 0,5 bzw. bei 0,0 für Fahrer, die ihren Führerschein seit weniger als drei Jahren haben.
- In den **Kreisverkehr** einfahrende Fahrzeuge haben grundsätzlich Vorfahrt vor den Fahrzeugen im Kreisverkehr. Beschilderung beachten!
- Tagsüber müssen außerhalb von Ortschaften **Abblendlicht** bzw. **Tagfahrleuchten** eingeschaltet sein.
- Wer bei Unfällen und Pannen außerhalb von Ortschaften das Fahrzeug verlässt, muss eine **Warnweste** anziehen. Auch um Bußgelder zu vermeiden, sollten immer welche im Fahrzeug sein.
- Die Strafen für **Verkehrsdelikte** sind erheblich höher als z. B. in Deutschland. Bußgelder werden hartnäckig eingetrieben - auch im Herkunftsland.

Monumentalarchitektur im Mailänder Hauptbahnhof (32)

Besondere Verkehrszeichen (Auswahl)

Deviazione	Umleitung
INIZIO Zona tutelata	Beginn Parkverbot
Rallentare	langsam fahren
Sbarrato	gesperrt
Senso unico	Einbahnstraße
Zona a Traffico Limitato – ZTL	verkehrsbeschränkte Zone
Zona di silenzio	Hupverbot

Umweltzone

Wie in italienischen Großstädten üblich, wurden auch in Mailand **verkehrsbeschränkte Zonen** *(ZTL, Zona a Traffico Limitato)* eingerichtet. Unbedingt Beschilderung beachten! Die Missachtung der Einfahrverbote (Kameraüberwachung!) zieht empfindliche Bußgelder nach sich. Wer eine Unterkunft in der Innenstadt bucht und mit dem eigenen Fahrzeug anreisen möchte, erkundigt sich sicherheitshalber nach eventuellen Fahrverboten und Parkmöglichkeiten.

Für die sogenannte **Umweltzone AREA C** gelten Mo bis Fr von 7.30 bis 19.30 Uhr (Ausnahme: Feiertage) Einfahrbeschränkungen. Zu diesen Zeiten dürfen aus Umweltschutzgründen unter anderem folgende Fahrzeuge überhaupt nicht einfahren: Benziner mit den Abgasnormen Euro 0–2, Dieselfahrzeuge mit Euro 0–5, Dual-Fuel-Diesel-LPG und Diesel-Methan mit Euro 0–4, Zweitakt-Krafträder und Mopeds mit Euro 0–1 sowie Gespanne über 7,5 Meter Länge. Andere Vehikel, namentlich Benzinfahrzeuge mit Euro 2–6 und Dieselfahrzeuge mit Euro 6, haben vor der Einfahrt in die insbesondere das historische Zentrum einschließende AREA C ein kostenpflichtiges **Citymaut-Ticket** (ticket

066ma Abb.: js

di Area C) zu erwerben, dessen Standardpreis Ende Oktober 2023 von 5 € auf 7,50 € erhöht wurde.

Das Ticket ist nur noch online erhältlich. Nach dem Kauf muss es unter Angabe des jeweiligen Ticket-PIN-Codes online aktiviert werden. Die Aktivierung muss am selben Tag oder bis spätestens Mitternacht des nächsten Tages nach Befahren der Zone erfolgen. Eine Besonderheit ist die Möglichkeit der Bezahlung im Nachhinein innerhalb von 7 Tagen nach Befahren. Der Kostenpunkt hierfür liegt bei 22,50 €. Derzeit noch im Umlauf befindliche Papiertickets können bis zum 29. Oktober 2024 online aktiviert werden.

› Infos zu den sich gelegentlich ändernden Regularien unter www.comune.milano.it/areac sowie https://areac.atm-mi.it (dort auch Ticketkauf und -Aktivierung). Callcenter für Rückfragen: Tel. 02 48684001.

Parken

Während der **Hochsaison**, ganz besonders zu Messezeiten, ist es alles andere als ein Vergnügen, mit dem Auto nach Mailand zu reisen. Versuche, die Stadt mit dem eigenen Fahrzeug zu erkunden, scheitern am zähen Verkehrsfluss, ausgebuchten Parkhäusern, den vielen Verkehrsbeschränkungen und anderem Ungemach.

Anders in der **Nebensaison.** Während man in der Metropole weilt, kann der Wagen ab ca. 30 € pro Tag (über Nacht ab ca. 35 €) in ein Parkhaus gestellt werden. Vor allem auf Ausflügen, etwa nach Bergamo oder zu den oberitalienischen Seen, zahlt sich die automobile Flexibilität dann aus.

Parken an der Straße ist im Innenstadtbereich kostenpflichtig. Meist zahlt man von 8 bis 19 Uhr mind. 2 € pro Stunde.

Wer mit festen Plänen nach Mailand reist, kann auf eines der spezialisierten **Parkhaus-Portale** vertrauen, beispielsweise www.myparking.eu/parcheggio_milano.php, und dort auch gleich online buchen. Hier die Daten empfehlenswerter **Parkhäuser:**

P143 [G1] **Machiavelli Parking,** Via Camillo Finocchiaro Aprile, 1, Ecke Via Lazzaretto, zwischen Stazione Centrale 32 und dem Park Giardini Pubblici Indro Montanelli 15

Möchte man näher am Hauptbahnhof 32 parken, bietet sich an:

P144 [eh] **3f Central Parking,** Via Fabio Filzi, 43

Und wer außerhalb der Innenstadt parken will oder (staubedingt) muss, ist ostwärts in Richtung Idroscalo 36, Aeroporto di Milano-Linate und Autobahn A51 mit folgendem Parkhaus gut beraten:

P145 [fi] **SuperGarage Ardenza,** Via Giacomo Zanella, 49

Tipp für eine **kostenlose** Parkmöglichkeit im Norden der Innenstadt:

P146 [dg] **Parkfläche an der M3-Station Maciachini,** Viale Edoardo Jenner, Ecke Via Resegone. Auf dem länglichen Gelände inmitten der vierspurigen Straße ist ostwärts bis zur Via Valtellina Platz für einige Dutzend Pkw.

Wer in Mailand falsch parkt, muss mit saftigen **Strafzetteln** rechnen. Das Bußgeld kann auch im Heimatland eingetrieben werden. Möglicherweise wird das Fahrzeug aber auch bis zur Bezahlung mit einer massiven Kralle „stillgelegt" – oder abgeschleppt.

Mietwagen

An Mietwagenfirmen besteht kein Mangel. Um einen Leihwagen zu bekommen, muss man bei vielen Anbietern **mindestens 21 Jahre** alt und seit wenigstens einem Jahr im Besitz des Führerscheins sein. Außerdem sollte für Bezahlung und Hinterlegung der Kaution eine gängige **Kreditkarte** vorgelegt werden können. Über Online-Vergleichsportale können Preise und Mietbedingungen abgeglichen werden. An umfassendem **Versicherungsschutz** sollte nicht gespart werden.

> **Pannenhilfe**
> Die deutschsprachige Pannenhilfe erreicht man unter der Tel. +39 21041, den regulären Pannendienst des Automobile Club d'Italia (www.aci.it) unter der 803116 (kostenlos).

Barrierefreies Reisen

Infos zu barrierefreien Unterkünften, Sehenswürdigkeiten etc. finden sich auf darauf spezialisierten Websites wie z. B. www.yesmilano.it → consigli practici → Milano accessibile (auf Italienisch und Englisch).

Der **Dom** 1 und die meisten anderen Kirchen können auch von Rollstuhlfahrern problemlos besichtigt werden. Mailands wohl zweitwichtigstes Gotteshaus, die **Basilica di Sant'Ambrogio** 27, verfügt über einen rollstuhlgerechten Extra-Eingang. Die **Stationen der Metrolinien M3, M4 und M5** sind durchweg barrierefrei gestaltet, genau wie viele zentrumsnahe Stationen der Linien M1 und M2.

Menschen, die in ihrer Mobilität eingeschränkt sind oder anderweitig Unterstützung benötigen, können sich in aller Regel auf die Hilfsbereitschaft der Mailänder verlassen.

Diplomatische Vertretungen

•147 [E1] **Deutsches Generalkonsulat Mailand,** Via Solferino, 40, 20121 Milano, Tel. 0039 026231101, www.mailand.diplo.de

•148 [F4] **Österreichisches Generalkonsulat Mailand,** Piazza del Liberty, 8/4, 20121 Mailand, Tel. 0039 027780780, www.bmeia.gv.at/gk-mailand

•149 [F2] **Schweizer Generalkonsulat in Mailand,** Via Palestro, 2, 20121 Milano, Tel. 0039 027779161, www.eda.admin.ch/milano

Mailänder Parkautomaten akzeptieren oft auch Kartenzahlung

› **Deutsche Botschaft Rom,** Via San Martino della Battaglia, 4, 00185 Roma, Tel. 0039 06492131 (Bürgerservice) und 0039 3357904170 (für Notfälle außerhalb der Bürgerservice-Betriebszeiten), www.rom.diplo.de
› **Österreichische Botschaft Rom (Konsularabteilung),** Viale Bruno Buozzi, 111, 00197 Roma, Tel. 0039 06 8418212, www.bmeia.gv.at/oeb-rom
› **Schweizerische Botschaft in Italien,** Via Barnaba Oriani, 61, 00197 Roma, Tel. 0039 06 809571, www.eda.admin.ch/roma

Geldfragen

An vielen Mailänder Bankautomaten können Reisende mit international gängigen Karten Bargeld abheben. Direkt mit Kredit- oder Debit- bzw. Girokarte (auch kontaktlos) zu zahlen, ist weit verbreitet.

Preisniveau

Mailand ist ein vergleichsweise **kostspieliges Reiseziel.** Das Preisniveau bewegt sich in etwa auf dem von München. Dickster Kostenpunkt ist die Übernachtung. Oft gestaltet es sich schwierig, eine Unterkunft für unter 60 € pro Person zu bekommen. Nach oben ist die Preisskala dafür offen. Die weiteren Kosten sind natürlich nicht verallgemeinerbar. Ganz grob kann gelten, dass für preisbewusste Reisende noch einmal mind. 40 € pro Tag dazukommen dürften. Mailandbesucher, die nicht auf ihre Ausgaben achten müssen, werden in den Edelboutiquen, Fashion-Flagship-Stores und Spitzenrestaurants aber auch ohne Weiteres das Zehn- oder Hundertfache los.

MEIN TIPP

Museen-Abos und Kombitickets

Der **Milan City Pass** verschafft für einen bzw. drei Tage Zutritt zu rund zehn Museen bzw. Sehenswürdigkeiten und enthält außerdem den Airport-Transfer sowie freie Fahrt in Mailands ÖPNV. Der Pass kostet 49 € für einen Tag und 55 € für drei Tage Gültigkeit. Für Einzelheiten zu allen Vergünstigungen siehe www.milancitypass.com (Erwerb online).

Die **MilanoCard** verspricht für 15–48 € ebenfalls Vergünstigungen beim ÖPNV, bei Eintrittspreisen und anderen Aktivitäten sowie Freigetränke in ausgewählten Lokalen (Infos und Erwerb: www.milanocard.it). Allerdings liegen kritische Erfahrungsberichte bzgl. der tatsächlichen Akzeptanz der Karte vor.

Für 45 € (bis 14 Jahre 20 €, bis 26 Jahre 30 €, ab 65 Jahren 35 €) können Inhaber des **Abbonamento Musei (AM) Lombardia Valle d'Aosta** ein Jahr lang ohne weitere Kosten 230 Museen besichtigen – über 50 davon allein in Mailand. Online ist das Abo über die Website https://shop.abbonamentomusei.it erhältlich. Vor Ort bekommt man es an autorisierten Verkaufsstellen, z. B. im Museo del Duomo (s. S. 20) oder in der Triennale di Milano ㉒. Die Anschaffung kann sich schnell lohnen, wenn man die Einzel-Eintrittspreise bedenkt, darunter in Mailand zum Beispiel für das Museo Teatrale alla Scala (s. S. 27) und die Pinacoteca di Brera ⑰. Weitere Beispiele für an das Abo angeschlossene Museen siehe Kasten „Mailand preiswert" rechts.

In **Bergamo** berechtigt dasselbe Abo zu freiem Eintritt in u. a. das Museo e tesoro della Cattedrale (s. S. 63), den Palazzo del Podestà (s. S. 61) und das Museo Donizettiano (s. S. 63). Infos: www.abbonamentomusei.it.

Mailand preiswert

Nach langer Suche hat es der Low-Budget-Traveller geschafft, sich in der Nebensaison und außerhalb der Messezeiten zu einem nicht erstattbaren Sonderangebotspreis in das verkehrsgünstig gelegene Hotel King (s. S. 127) einzumieten. Fährt er Metro, erwirbt er nie reguläre Einzelfahrscheine („biglietto ordinario") für 2,20 €, sondern immer 24-Sunden-Tickets („Biglietto giornaliero") für 7,60 € – und erledigt dann mehrere Besichtigungen und Besuche auf einen Streich. Ansonsten geht er aber auch schon mal zu Fuß durch die Parks oder seine Lieblingsviertel. Noch etwas günstiger hätte er mit etwas Glück weiter außerhalb der Innenstadt unterkommen können, z. B. in den Schlafsälen des **Ostello Milano „Piero Rotta"** (s. S. 128). Aber bei der Lage wollte er keine Abstriche machen.

Von den **touristischen Hotspots** schätzt er diejenigen am meisten, deren Besuch wenig oder gar nichts kostet, also zum Beispiel die Parkanlagen Parco Sempione 20 und Giardini Pubblici Indro Montanelli 15, den Cimitero Monumentale 33, die Casa Boschi di Stefano (s. S. 29) und die vielen großartigen Kirchen, allen voran die Basilica di Sant'Ambrogio 27.

Viele Museen und andere Sehenswürdigkeiten der Stadt locken mit **speziellen Offerten**, an bestimmten Tagen oder zu bestimmten Uhrzeiten vergünstigt oder kostenfrei hineinzugelangen, z. B. die GAM – Galleria d'Arte Moderna (s. S. 68). Der Eintritt in das Gebäude und den Bereich mit der Dauerausstellung des Museo delle Culture (s. S. 69) ist sogar jederzeit kostenlos.

Die **Baudenkmäler** des historischen Zentrums von außen zu bewundern, ist ebenfalls gratis. Die Umgebung der Piazza dei Mercanti 7 und der großartige Platz vor der Basilica di San Lorenzo Maggiore 29 haben es ihm da besonders angetan. Das **Abbonamento Musei Lombardia a Valle d'Aosta** (s. S. 110) ist ein Museen-Abo, das den Eintritt in viele Top-Sights umfasst, darunter das Museo Leonardo3 (s. S. 19), die Pinacoteca Ambrosiana (s. S. 24), das Casa Museo Poldi Pezzoli 12, die Museen im Castello Sforzesco 19, das Acquario Civico 21, das ADI Design Museum (s. S. 68), das Museo dei Bambini di Milano (s. S. 118) u. v. m.

Touristenfallen, welche die Urlaubskasse überstrapazieren würden, meiden sparsame Reisende konsequent. So spart es nicht nur Zeit, sondern auch Geld, den **Espresso** zwischendurch für 1,20 € im Stehen an der Theke einzunehmen, statt sich wie viele Touristen an die Tische zu setzen und dort wesentlich mehr für denselben Genuss zu zahlen. Überhaupt lohnt es sich ganz grundsätzlich, in vielen Dingen **dem Beispiel der „Locals" zu folgen:**

Bekommt der Sparfuchs Appetit auf einen kleinen **Imbiss,** dann besorgt er sich Sandwiches natürlich nicht in unmittelbarer Nähe des Domplatzes, sondern ein gutes Stück von diesem entfernt.

Möchte er sich einen abendlichen **Aperitivo** leisten, dann spaziert er zur sogenannten **Happy Hour** in die Bar Brera (s. S. 76) im gleichnamigen Stadtteil oder auch mal ins Navigli-Viertel 31. Dort erhält er zu seinem Drink für 10 € vielerorts die Möglichkeit, sich nach Herzenslust an reichhaltigen Büfetts zu bedienen, denn Happy Hour bedeutet in Mailand eben nicht einfach nur zwei Getränke zum Preis von einem!

Reisende aus der EU, die unter 18 Jahre alt sind, zahlen bei manchen Sehenswürdigkeiten nur einen **reduzierten Eintrittspreis** – oder oft auch gar nichts. Meistens gibt es gestaffelte Reduzierungen, das heißt, dass beispielsweise Teenager kostengünstiger in ein Museum dürfen als Erwachsene – und Kleinkinder gar nichts zahlen müssen. Auch junge Erwachsene (bis etwa 25 oder 26 Jahre) sowie Seniorinnen und Senioren erhalten manchmal Vergünstigungen bei den Eintrittspreisen in Mailänder Museen, Ausstellungen u. Ä.

Informationsquellen

Infostellen in der Stadt

Das Mailänder Fremdenverkehrsamt ist für die Website www.yesmilano.it verantwortlich.

Die derzeit am besten ausgestattete Touristeninformation wurde in der Via Mercanti schräg gegenüber dem Palazzo della Ragione eingerichtet:

- 150 [E4] **YESMILANO Tourism Space,** Via dei Mercanti, 8, Tel. 02 85155931, www.yesmilano.it, Mo–Fr 10–13, 14–18, Sa, So, Fei 14–18 Uhr. In dieser Touristeninformation erhält man unter anderem Monatshefte, aktuelle Kulturkalender und Prospektmaterial – überwiegend auf Italienisch und Englisch.
- 151 [E4] **YESMILANO Tourist Information Office (Infopoint),** Piazza Duomo 14, Tel. 02 88455555, geöffnet Mo–Fr 10–18, Sa, So, Fei 10–14 Uhr. Die Touristeninformation unmittelbar östlich des Haupteingangs zum Palazzo Reale 3 ist ebenfalls relativ gut ausgestattet.
- 152 [eh] **Milan Visitor Center,** auf der Piazza Duca d'Aosta vor der Stazione Centrale 32, Facebook-Seite, tgl. 8.30–18 Uhr. Die derzeit am nordwestlichen Ende des schmalen Platzes vor der Frontseite des Hauptbahnhofs in einer Art Kiosk-Häuschen untergebrachte Touristeninformation ändert häufig ihren Standort und ihre Öffnungszeiten. Basis-Informationen und Touren-Vertrieb.

085ma Abb.: js

Mailand im Internet

Deutschsprachige Websites

- **www.enit.it:** Die Website der italienischen Tourismusbehörde ENIT (Ente Nazionale per il Turismo) besticht mit einer Fülle von Informationen und einer eindrucksvollen Fotogalerie.
- **www.italia.it:** staatliche Website mit für Touristen relevanten Themen zu Italien (allgemein und nach Regionen sortiert), mit viel Wissenswertem auch speziell zu Mailand
- **www.mein-italien.info:** ausführliche Informationen und Tipps zu fast allen Lebenslagen
- **www.milano24ore.de:** kommerzielle Website mit einer Vielzahl an nützlichen Informationen und Buchungsmöglichkeiten

Websites in italienischer und/oder englischer Sprache

- **www.ciaomilano.it:** kommentierte Listen zu aktuellen Events und vielen Themen
- **www.comune.milano.it:** bereitgestellt von der Stadt Mailand für Einheimische und Touristen (mit Newsletter)
- **https://milan.welcomemagazine.it:** Schwerpunkte des Onlinemagazins sind Sightseeing, Shopping, Ausgehen und anderes Amüsement aller Art.
- **www.milanofree.it:** Das Portal bietet Mailändern und Mailandbesuchern Informationen zu zahlreichen verschiedenen Themen, die die Stadt betreffen. Viele Veranstaltungstipps.
- **www.regione.lombardia.it:** Wissenswertes zur Region Lombardei
- **www.vivimilano.it:** Die Zeitung Corriere della Sera empfiehlt Restaurants und Kulturevents aller Art.
- **www.yesmilano.it:** Die Website versammelt viele touristisch relevante Informationen, zum Beispiel kulturelle Events und thematische Listen von Museen.

Mailand-Apps

- **ATM Milano Official App:** Alle Möglichkeiten des Mailänder ÖPNV kostenlos auf dem Smartphone. Routenplaner, Fahrpläne etc. Kostenlos für Android und iOS.
- **Die Mailänder Flughäfen** verfügen über Apps mit Informationen zu Flügen, Parkplätzen, Restaurants, Wegbeschreibungen und vielem mehr. Kostenlos für Android und iOS.
- **Hotel Tonight:** Last Minute-Hotel-Deals. Die Restplätze sind auch und gerade für Reisende gedacht, die bereits vor Ort sind. Kostenlos für Android und iOS.
- **TaxiMilano:** Taxiruf ad hoc oder Buchung für eine bestimmte Uhrzeit. Kostenlos für Android und iOS.
- **MuoviMI:** nützliche App für alle, die sich in Mailand mit öffentlichen Verkehrsmitteln fortbewegen wollen. Kostenlos für iOS.
- **Smart Lens:** Smart Lens scannt und übersetzt gedruckte Wörter mithilfe der Smartphonekamera. Mit Offline-Modus. Unterschiedliche Preise je nach Sprachpaket (Android) bzw. kostenlos (iOS).
- **Museo Teatrale alla Scala:** Die App bereitet auf einen Besuch des Scala-Museums (s. S. 27) vor und begleitet diesen, u. a. durch einen in die App integrierten Audioguide. Kostenlos für Android und iOS.
- **VisitMilano:** App der Stadt Mailand mit auf die Bedürfnisse von Besuchern zugeschnittenen Informationen, z. B. aktuellen Veranstaltungshinweisen. Außerdem ist die App mit dem Leihfahrrad-Anbieter bikeMi (s. S. 121) verknüpft. Kostenlos für Android und iOS.

◁ Das Milan Visitor Center vor dem Hauptbahnhof, im Hintergrund das Pirelli-Hochhaus (s. S. 52)

Meine Literatur- und Filmtipps

- **„Die Herzogin von Mailand"** von Michael Ennis, Heyne, 2001. Zwei mächtige Damen am Mailänder Hof der Renaissance-Zeit entwickeln sich von engen Freundinnen zu erbitterten Feindinnen. An Intrigen und Affären wird nicht gespart.
- **„Die ganz große Nummer"** von Andrea De Carlo, Piper, 2004. Im Mailand der 1970er-Jahre verkaufen zwei junge Männer ein ganz besonderes Produkt: erfundene Interviews mit exzentrischen Rockstars. Wie lange wird die Medienbranche den beiden Möchtegern-Rockjournalisten auf den Leim gehen?
- **„Die Päpstin von Mailand: Die Geschichte der Vilemiten"** von Christine Neumeyer, AAVAA Verlag, 2012. Fesselnde Mittelalter-Erzählung auf der Basis originaler Prozessakten des Mailänder Inquisitionsgerichts von 1300.
- **„Der Pate von Mailand"** von Gianni Biondillo, Goldmann, 2007. Polizisten sind in Mailands Unterwelt unbeliebt. Vor allem, wenn sie so neugierig sind wie Ispettore Michele Ferraro auf der Suche nach einem verschwundenen Teenager. Der Krimi war 2006 für den Premio Giorgio Scerbanenco nominiert – eine nach dem Meisterautor früher italienischer Krimanalliteratur benannte Auszeichnung.
- **„Denn dein ist die Schuld"** von Adele Marini, Goldmann, 2010. Drei Kinder werden zeitgleich entführt. Es gibt keine Zeugen und Lösegeldforderungen bleiben aus. Die ungleichen Ermittler Vincenzo Marino und Sandra Leoni stoßen bei ihren Nachforschungen auf verstörende Zusammenhänge.
- **„Nullnummer"** von Umberto Eco, Hanser, 2015. Eco beschreibt anhand von Redaktionssitzungen und Dialogen zwischen Medienmenschen, wie Nachrichten „gemacht" werden. Dazwischen werden Rückblenden in die Zeit Mussolinis und Beschreibungen interessanter Orte in Mailand eingestreut. Der Leser spürt die Liebe des berühmten Autors zu seiner Wahl-Heimatstadt.
- **„Das Blut in den Straßen von Mailand"** von Paolo Roversi, Ullstein Taschenbuch, 2018. In dem modernen, düsteren Krimi möchte eine mysteriöse Bruderschaft die moralisch aus den Fugen geratene Welt retten – Kollateralschäden spielen dabei keine Rolle ...
- **„Das süße Leben: Ein Mailand-Roman"** von Camilla Dell'Orto Necchi, btb, 2019. Als die Protagonistin sich mit Anfang 50 überraschend gezwungen sieht, beruflich neu anzufangen, entscheidet sie sich, ihren Traum von einem eigenen Catering-Unternehmen für alle Anlässe zu verwirklichen.

Giorgio Scerbanenco ist berühmt dafür, die sozialen Hintergründe seiner Handlungsfiguren auszuleuchten. Für die Tageszeitung „La Repubblica" ist er sogar „der Vater des italienischen Krimis". Seine **Tetralogie um den Sonderermittler Lamberti** spielt in den weniger feinen Mailänder Milieus und ist Ende der 1960er-Jahre zum ersten Mal in Italien erschienen. Die Originaltitel lauten „Venere privata", „Traditori di tutti", „I ragazzi del massacro", „I milanesi ammazzano al sabato". Das Quartett gibt es auch in deutscher Übersetzung:

- **„Das Mädchen aus Mailand"**, btb, 2003/Folio, 2018. Der Privatdetektiv Duca Lamberti versucht im Wirtschaftswunder-Mailand der 1960er-Jahre, den vermeintlichen Selbstmord einer Prostituierten aufzuklären.
- **„Die Verratenen"**, btb, 2003/Folio, 2019 (unter dem Titel „Verräter und Verratene"). In Lambertis zweitem Fall geht es um einen Schmugglerring, der vor keiner Brutalität zurückschreckt. Aber welche Rolle spielt die mysteriöse junge Frau, die sich in einem Brief zu zwei Morden bekennt?
- **„Der lombardische Kurier"**, btb, 2004/Folio, 2019. Eine junge Lehrerin stirbt, nachdem eine Gruppe ihrer Schüler sie brutal vergewaltigt hat. Wird Duca Lamberti die Mauer des Schweigens überwinden? Als er sich auf der richtigen Fährte wähnt, geschieht auch noch ein Selbstmord.
- **„Ein pflichtbewusster Mörder"**, btb, 2004/Folio, 2019. In seinem vierten Fall verschlägt es den Sonderermittler Lamberti wieder ins Rotlichtmilieu: Eine junge Frau ist verschwunden.

- **„Leonardo und Das Letzte Abendmahl"** von Ross King, Knaus, 2014. Auf der Basis von gewissenhaften Recherchen porträtiert der kanadische Kunsthistoriker Ross King anhand der Charakterisierung Leonardo da Vincis den Umbruch einer ganzen Epoche. Die Leser erfahren alle wesentlichen Informationen und ausführliche Hintergründe zu dem weltberühmten Bild. Die Vielzahl der Informationen und die zahlreichen Nebenstränge, denen der Renaissance-Experte King mit größter Akribie nachgeht, lassen keine Fragen offen. Nach der Lektüre wissen seine Leser Bescheid über die Motive der Auftraggeber, da Vincis Mal- und Kompositionstechnik, über Details zu den Figuren im Bild und auch darüber, was der Künstler sich mit dem Bild vorgenommen hatte.
- **„Mailand zwischen den Zeilen: Episodenhafte Einblicke in eine Stadt und ihre Bewohner"** von Monika Höge, CreateSpace, 2012. Ein Mix aus persönlichen Erfahrungen der Autorin und der Schilderung der (nord)italienischen Verhältnisse im Allgemeinen. Der Leser erfährt viele Details zu Lebensweise und Befindlichkeiten der Mailänder.

- **„Das Wunder von Mailand" („Miracolo a Milano")**. Der sozialkritische Film von 1951 ist auch für seine magischen Elemente bekannt. Er basiert auf der Novelle „Das Wunder von Bamba" („Totò il buono") von Cesare Zavattini. Im Mittelpunkt steht Toto, der trotz aller Widrigkeiten in einer armen Mailänder Vorstadt gelassen und optimistisch bleibt.
- **„Die schwarzen Brüder"**. Der Streifen aus dem Jahr 2013 basiert auf dem gleichnamigen Jugendbuch von Lisa Tetzner und Kurt Held von 1941 und spielt im Mailand des 19. Jahrhunderts, denn dorthin wird der kleine, aus ärmlichen Verhältnissen stammende Giorgio aus dem Tessin als Kaminfegerjunge verkauft. Wird er sich in der gefährlichen Großstadt behaupten?

Internet

Die Stadt stellt an Hunderten von Hotspots **kostenlosen WLAN-Zugang** ohne Daten- oder Zeitlimit zur Verfügung. Nicht-italienische SIM-Cards muss man hierfür bei einem ATM Point (z. B. in der Metrostation unter der Piazza del Duomo) freischalten.

› **Infos:** www.comune.milano.it → Suchbegriff: WiFi

LGBT+

Bars und Clubs der Mailänder **LGBT-Szene** sind über die ganze Stadt verstreut, wobei eine gewisse Konzentration um den Stazione Centrale 32 und weiter in nordöstlicher Richtung auffällt. Übrigens laden auch viele der großen Clubs an bestimmten Tagen zu Events ein, an denen die Toleranz gegenüber allen sexuellen Orientierungen und geschlechtlichen Identitäten besonders hochgehalten wird, z. B. das Amnesia (s. S. 83).

Hier einige Spots, an denen sich das In-Publikum gerne trifft:

153 [eg] **Afterline,** Via Giovanni Battista Sammartini, 25, Tel. 339 3876398, www.afterline.it. Ab 21.30 Uhr geöffneter, verhältnismäßig lauter Club. Der „Club 23" daneben ist kleiner und versteht sich eher als Cocktail-Loungebar.

154 [fg] **Depot,** Via Dei Valtorta, 19, Tel. 02 22226808, www.depotmilano.com, tgl. geöffnet. Etablierter dreistöckiger Club mit häufig wechselnden Events.

155 Hot Dog Club Milano, Via Oropa, 3, Tel. 02 26826709, www.hotdogclubmilano.it. Club im Nordosten der Innenstadt mit großem Bar-Bereich.

› **www.patroc.com/milan** liefert einen aktuellen Überblick über die Mailänder Szene (auch auf Deutsch) mitsamt „Gay Map" und nennt weitere beliebte Spots.

Bei **Lesben** beliebter Treff:

156 [G1] **MONO Bar,** Via Lecco, 6, Ecke Via Panfilo Castaldi, Tel. 339 4810264, Facebook-Seite. Relaxte Stimmung. Die kleine schwul-lesbische Bar LeccoMilano (Tel. 02 91639877, www.leccomilano.it) liegt schräg gegenüber.

Medizinische Versorgung

Kleinere Behandlungen sind für EU-Bürger kostenlos. Erste-Hilfe-Stationen heißen in Italien *Pronto Soccorso,* Polikliniken *Policlinico.* Folgende ist recht zentral gelegen:

157 [F5] **Ospedale Maggiore Policlinico,** Francesco Sforza, 28, Tel. 02 55031, www.policlinico.mi.it

Werden umfangreichere Behandlungen notwendig, ist es vorteilhaft, die **Europäische Krankenversicherungskarte (EHIC)** dabei zu haben. Vertragsärzte und staatliche Krankenhäuser sind verpflichtet, bei Vorlage der Karte medizinisch notwendige Behandlungen **kostenfrei zu erbringen.** Sollten Ärzte oder Zahnärzte *(medici dentisti)* dennoch auf Bar- oder Kreditkartenzahlung bestehen, lässt man sich für eine Erstattung durch die heimische Krankenkasse und/oder private Krankenversicherung eine **detaillierte Rechnung** mit Angaben zu Diagnose, Behandlung (einschl. Medikamenten) und Kosten ausstellen.

Eine **Liste deutsch- und englischsprachiger Ärzte** ist über die Website des deutschen Konsulats abrufbar.

Sicherheitsbewusste Reisende entscheiden sich für **privaten Auslandsreisekrankenschutz.** Dieser deckt u. U. auch kostspielige Krankenrücktransporte ins Heimatland ab.

Apotheken

Regelmäßig einzunehmende Medikamente hat man sicherheitshalber schon im Reisegepäck. Eine Apotheke *(farmacia)* ist leicht an einem großen, leuchtenden **grünen Kreuz** zu erkennen. Apotheken sind oft von Montag bis Freitag von 9 bis 19 Uhr geöffnet – wobei in der Regel eine mehrstündige Mittagspause gemacht wird und manche an bestimmten Tagen geschlossen haben. Eine Apotheke in der **Stazione Centrale** 32 ist 365 Tage im Jahr geöffnet:

⊕158 [eh] **Farmacia Stazione Centrale,** Piazza Duca D'Aosta, Tel. 02 6690735, geöffnet tgl. 8–20 Uhr

› **Infos zu Mailänder Apotheken:** www.federfarmamilano.it → CERCA FARMACIA

Mit Kindern unterwegs

Das Klischee entspricht den Fakten: Italien ist ein ausgesprochen **kinderfreundliches Reiseziel.** In diesem Punkt tickt auch Mailand nicht viel anders als der Rest des Landes. Italiener nehmen ihre *bambini* fast überall mit hin und niemand stört sich daran, wenn es in der Öffentlichkeit mal etwas lauter und turbulenter zugeht.

Schwierigkeiten gibt es am ehesten mit äußeren Umständen, unter denen auch Erwachsene leiden, wie zum Beispiel hochsommerliche Hitze. Außerhalb der Fußgängerzonen ist der Straßenverkehr Gefahrenquelle Nummer eins. Wickelmöglichkeiten sind in der Innenstadt rar. Gestresste Eltern werden auf die Schnelle in den Filialen der Fastfood-Ketten und in großen U-Bahn-Stationen fündig.

Kinder, die Englisch, Italienisch oder Spanisch sprechen, freuen sich auch über die kindgerechten Audiokommentare speziell für Kids in den knallroten **Touristen-Doppeldeckerbussen** von CitySightseeing Milano (s. S. 124). Bei schönem Wetter ist eine Rundfahrt in den oben offenen Bussen vor allem dann ein Erlebnis, wenn man einen Sitzplatz an der frischen Luft ergattert – vielleicht sogar ganz vorne!

Weitere spannende Aktivitäten mit garantierter Frischluftzufuhr sind der auch bei Erwachsenen äußerst beliebte **Spaziergang über das Dach des Doms** 1 und Ausflüge in den **Parco Sempione** 20 (Picknickdecke nicht vergessen).

Hotspots für kleine Entdecker

› **Acquario Civico** 21. Viele verschiedene Wasserbewohner in Bassins aller Größen und ein Teich voller bunter japanischer Kois. Der Parco Sempione 20 gleich daneben lädt zum Rennen und Toben ein.

› **Castello Sforzesco** 19. Kinderträume werden wahr: eine Burg, eine massive Festungsanlage mit Kanonen, ägyptische Mumien, außerdem reichlich Platz zum Toben und gleich hinter dem Kastell ein riesiger Park mit vielen Grünflächen, einem Karussell und anderen Attraktionen für Kinder.

•159 **Leolandia,** Tel. 02 9090169, www.leolandia.it. Der Freizeitpark liegt etwas näher an Bergamo als an Mailand und wirbt mit rund 40 Attraktionen, einschließlich einem Aquarium, Show-Events und diversen Fahrgeschäften.

› **Museo Civico di Storia Naturale** (s. S. 69). Wissenswertes zur Naturgeschichte und viele ausgestopfte Tiere. Das Planetario Ulrico Hoepli (s. S. 31) befindet sich gleich daneben ebenfalls auf dem Gelände der Parkanlage Giardini Pubblici Indro Montanelli 15. An Astronomie interessierte Kids werden begeistert sein!

160 [H5] **Museo dei Bambini di Milano,** Via Besana, 12, Tel. 02 43980402, www.muba.it, geöffnet Di–Fr 9.30–18 Uhr, Sa, So, Fei 10–18 Uhr, Eintritt 10 € (Kind), 8 € (Erwachsener), Familienticket 34 €. In dem wuchtigen Barockbau Rotonda della Besana ist heute das Mailänder Kindermuseum untergebracht. Im „MUBA" kann der wissbegierige Nachwuchs nach Herzenslust experimentieren und seine Kreativität ausleben. Buchladen und Bistro angeschlossen.

› **Museo Nazionale della Scienza e della Tecnologia Leonardo da Vinci** 28. Ein Besuch des großen Wissenschafts- und Technikmuseums bietet technikaffinen Kinder ein unvergessliches Erlebnis. Dafür sorgen allein schon die vielen multimedialen Mitmach-Module und die interaktiven Labore und Experimente an den Wochenenden. Vielen Kindern gefällt auch die geführte U-Boot-Tour („Sottomarino Enrico Toti").

Marionettentheater

161 **Atelier Carlo Colla e Figli,** Via Montegani 35/1, Tel. 02 89531301 und 02 21119151, www.marionettecolla.org, Eintritt 18 €, ermäßigt ab 9 €. Aufwendige Aufführungen im Atelier im Süden der Innenstadt und unterwegs.

Das Marionettentheater **Teatro Gianni e Cosetta Colla** macht in verschiedenen Häusern Station:

› **Teatro Gianni e Cosetta Colla,** Tel. 02 55211300, www.teatrocolla.org, Eintritt 15 €, ermäßigt ab 10 €. Zur Aufführung kommen v. a. italienische und internationale Märchenklassiker.

162 [D5] **Teatro Arsenale,** Via Cesare Correnti, 11 (im Südwesten der Innenstadt und mit seiner zurückgesetzten Fassade etwas versteckt liegend), Tel. 02 8321999, www.teatroarsenale.it

163 [H6] **Teatro Silvestrianum,** Via Andrea Maffei, 19 (östlich des Zentrums), Tel. 02 5455615, www.teatrosilvestrianum.it

Notfälle

Diebstahl und Kartensperrung

Bei **Verlust der Debit-/Giro-, Kredit-** oder **SIM-Karte** gibt es für Kartensperrungen eine **deutsche Zentralnummer** (unbedingt vor der Reise klären, ob die eigene Bank bzw. der jeweilige Mobilfunkanbieter diesem Notrufsystem angeschlossen ist). **Aber Achtung:** Mit der telefonischen Sperrung sind die Bezahlkarten zwar für die Bezahlung/Geldabhebung mit der PIN gesperrt, nicht jedoch für das **Lastschriftverfahren mit Unterschrift.** Man sollte daher auf jeden Fall den Verlust zusätzlich **bei der Polizei zur Anzeige bringen,** um gegebenenfalls auftretende Ansprüche zurückweisen zu können.

In **Österreich** und der **Schweiz** gibt es keine zentrale Sperrnummer, daher sollten sich Besitzer von in diesen Ländern ausgestellten Debit- oder Kreditkarten vor der Abreise bei ihrem Kreditinstitut über den zuständigen Sperrnotruf informieren.

Generell sollte man sich immer die **wichtigsten Daten** wie Kartennummer und Ausstellungsdatum **separat notieren,** da diese unter Umständen abgefragt werden.

› **Deutscher Sperrnotruf:** Tel. +49 116116 oder Tel. +49 3040504050

› **Weitere Infos:** www.kartensicherheit.de, www.sperr-notruf.de

Fundbüro

- •164 [ej] **Ufficio oggetti rinvenuti,** Via Friuli, 30, Tel. 02 88453900, www.comune.milano.it/servizi/oggetti-rinvenuti (mit der Möglichkeit, verlorene Gegenstände auch online zu melden), geöffnet Mo–Fr 8.30–12 Uhr. Unter Umständen wird eine Aufbewahrungsgebühr erhoben.

Verkehrsunfall

Wird man in einen Verkehrsunfall verwickelt, empfiehlt es sich, **selbst Fotos von der Unfallstelle** und den entstandenen Schäden zu **machen.** Eigentlich eine Selbstverständlichkeit: Man sollte weder am Unfallort noch später Dokumente unterschreiben, deren Inhalt man nicht versteht! Das Prozedere rund um die Abwicklung eines Verkehrsunfalls kann sich beschleunigen, wenn man die sogenannte Grüne Versicherungskarte dabei hat.

Notrufnummer

› Die allgemeine Notrufnummer für **Polizei, Feuerwehr** und **Ambulanz** lautet landesweit **112**.

Öffnungszeiten

Geschäfte sind grundsätzlich montags bis samstags von 9 oder 10 bis 12.30 Uhr und dann wieder von 15 oder 16 Uhr bis mind. 19 Uhr geöffnet, oft auch etwas länger. **Große Kaufhäuser und Modeläden** sowie Boutiquen und Stores in den wichtigen Shopping-Zonen (s. S. 85) haben mittags meistens durchgehend geöffnet und manchmal auch sonntags. Das gilt vor allem für die Sonntage vor Weihnachten. **Kleinere Läden** verkürzen an bestimmten Wochentagen ihre Öffnungszeiten.

Banken haben meistens montags bis freitags zwischen 8.30 und 13 Uhr Schalterstunden. Nachmittags variieren die Öffnungszeiten erheblich. Oft ist dann nur eine weitere Stunde geöffnet. **Kleinere Postfilialen** öffnen oft nur montags bis freitags zwischen 8.30 und 13.30 Uhr, wichtigere Filialen auch nachmittags und am Samstag – beispielsweise die im Hauptbahnhof untergebrachte.

Kleinere Tankstellen schließen in aller Regel von ca. 12 bis 15 Uhr. Allerdings gibt es oft Selbstbedienungszapfsäulen mit Bargeld- und/oder Kartenzahlung.

Viele **Museen** haben mittags durchgehend geöffnet, bleiben aber montags geschlossen. Ausnahmen können an Feiertagen gelten. Museen und andere Mailänder Sehenswürdigkeiten bieten auf ihren Websites häufig **virtuelle Besichtigungstouren.**

An einer Reihe von Fest- und Feiertagen besteht eine erhöhte Wahrscheinlichkeit, dass mit **Einschränkungen bei den Öffnungszeiten** zu rechnen ist. Davon betroffen sein kann alles, was Öffnungszeiten hat. Auch der Doppeldeckerbus City-Sightseeing (s. S. 124) und andere für Touristen interessante Angebote sind dann ggf. nur eingeschränkt in Funktion:

› 1. und 6. Januar
› Ostersonntag und Ostermontag
› 25. April
› 1. Mai
› 2. Juni
› 15. August
› 1. November
› 7., 8., 25. und 26. Dezember

Grundsätzlich gilt: Je größer und für den internationalen Tourismus relevanter eine Einrichtung ist, desto unwahrscheinlicher bzw. geringfügiger sind Einschränkungen an den genannten Tagen. Besonders viele Sehenswürdigkeiten sind erfahrungsgemäß **am 1. Januar, am Ostermontag, am 1. Mai und am 25. Dezember geschlossen.**

Auch im **August** gelten oft eingeschränkte Öffnungszeiten. Weniger bedeutende Museen, Restaurants etc. schließen dann gerne gleich für mehrere Wochen am Stück.

Post

Der **Versand von Briefen und Postkarten** nach Deutschland, Österreich und in die Schweiz kostet einheitlich 1,25 €.

Briefmarken *(francobolli)* erhält man überall, wo das große schwarze „T" für *tabacchi,* also Tabakprodukte, prangt. **Briefkästen** sind rot, werden (fast) täglich geleert und haben oft zwei Einwurfschlitze: einen für Sendungen innerhalb der Stadt („PER LA CITTA") und einen für den Rest der Welt („PER TUTTE LE ALTRE DESTINAZIONI").

Für aufwendigere Postdienstleistungen gibt es Postämter *(uffici postali),* z. B.:

- ✉**165** [eh] **Ufficio Postale di Milano Stazione Centrale,** Piazza Luigi di Savoia, 1 (an der Nordostecke des Hauptbahnhof-Gebäudes), Tel. 02 67072150, geöffnet Mo–Fr 8.20–19.05, Sa 8.20–12.35 Uhr
- › **Website der italienischen Post mit Filialsuche:** www.poste.it

Radfahren

Es spricht einiges dafür, Mailand vom Fahrradsattel aus zu erkunden. Das Gelände ist fast überall ausgesprochen flach, man bewegt sich gesund und umweltschonend fort und allzu teuer ist es auch nicht. Verleih *(noleggio)* von Fahrrädern bieten mehrere Unternehmen an. Zwei Beispiele:

040ma Abb.: js

Wer sich über **www.bikemi.it** kostenpflichtig registriert, kann zwischen 6 Uhr morgens und Mitternacht eines der **gelben Citybikes** mieten. Man wählt zwischen einer Jahres- (36 €), Wochen- (9 €) oder Tagesanmeldung (4,50 €). Die Registrierung ist auch bei bestimmten ATM Points, also den Schaltern der Mailänder Verkehrsbetriebe, möglich. Öffnungszeiten jeweils Mo bis Sa von 7.45 bis 20 Uhr. Bezahlung in jedem Fall nur per Kreditkarte.

Citybike-Stationen gibt es reichlich überall in der Stadt, eine besonders große auf dem Platz vor dem Hauptbahnhof 32. Die ersten 30 Minuten sind stets gratis, danach fallen 0,50 € pro halbe Stunde an. Nach spätestens zwei Stunden muss das Vehikel an einer der Stationen zurückgegeben werden. Nach einer kurzen Wartezeit kann man aber schon wieder aufsatteln. Es ist ratsam, die Nutzungsbedingungen genau einzuhalten. Die **roten E-Bikes** *(Bici elettriche)* von derselben Firma kosten in der ersten halben Stunde 0,25 €, für den sich anschließenden 30-Minuten-Zeitraum fallen 0,50 € an. Danach wird es etwas teurer. E-Bikes mit Kindersitz stehen zum selben Tarif zur Verfügung.

› Tel. 02 48607607 (ATM-Infoline), App: bikeMi

Eine von mehreren weiteren Alternativen ist der Fahrradverleih **AWS BICI** in der Nähe des Hauptbahnhofs. Hier mietet man noch wie früher üblich, das heißt tageweise und unter Hinterlegung einer Kaution. Konkret gilt bei einer Mietdauer von einem Tag: Citybike (7 Gänge): 15 €, Mountainbike: 20 €, Kaution: 100 €, Helm: 3 €, Kindersitz: 5 €, spezielle Angebote für Gruppen.

S166 [eg] **AWS BICI**, Via Ponte Seveso, 33, Ecke Via Schiaparelli, Tel. 02 67072145, Di–Sa 9.30–13 Uhr und 15.30–19 Uhr (ausnahmsweise Aus- bzw. Rückgabe So bzw. Mo muss gesondert vereinbart werden), www.awsbici.com. **Tipp:** Für den Zeitraum von Sa 17 Uhr bis Di 9.30 Uhr fällt nur die Gebühr für einen Tag an.

< *Leih-Bikes vor dem Hauptbahnhof*

Sicherheit

Mailand ist nicht gefährlicher als z. B. deutsche Städte vergleichbarer Größe. Präventives Verhalten, das man in Hamburg oder Köln an den Tag legt, hat natürlich auch in einer italienischen Großstadt seine Berechtigung. Beispielsweise ist davon abzuraten, nachts allein und/oder betrunken **finstere Gegenden** zu erkunden.

Die größte Gefahr für Hab und Gut geht von **Trickbetrügern** und **Taschendieben** aus. In Sachen Langfinger besonders heikel sind U-Bahnen, Flohmärkte und andere Orte mit viel Trubel und großem Gedränge.

Einige leicht zu befolgende **Vorsichtsmaßnahmen** minimieren die Gefahr, Opfer von Eigentumsdelikten oder Schlimmerem zu werden:

› teure Wertsachen bleiben zu Hause
› Bargeld und wichtige Dokumente direkt am Körper tragen
› Hütchenspieler, um Aufmerksamkeit buhlende Straßenfotografen, Freundschaftsbändchen-Verkäufer etc. meiden

An den **Ticketautomaten** der Metrostationen und ähnlich viel frequentierten Orten halten sich manchmal Personen auf, die ausländische Touristen hartnäckig in ein Gespräch verwickeln wollen. Wer sich auf eine Konversation einlässt, verliert wahrscheinlich Geld, ganz bestimmt aber die gute Urlaubslaune.

Wer mit dem **Auto** unterwegs ist und keinen bewachten Parkplatz bekommt, sollte niemals (!) etwas von Wert im unbeaufsichtigten Wagen lassen, auch nicht Sonnenbrillen oder teure bzw. teuer wirkende Kleidung. Der übliche Hinweis an potenzielle Langfinger, dass es nichts zu holen gibt, ist das demonstrativ geöffnete Handschuhfach. Manche Fahrer schließen den Kofferraum nicht ab.

Kontaktdaten einer **Polizeidienststelle** im Zentrum:

167 [F4] **Polizia Locale (Comando Zona 1),** Via Cesare Beccaria, 19, Tel. 02 0208, www.poliziamunicipale.it → Suchbegriff: Milano

Sport und Spa

Fitness und Wellness *(benessere)* sind auch und gerade in der quirligen Geschäftsstadt Mailand Trend! Es gibt Anlagen, die als Spa an bestehende Hotels angebaut wurden, während andere als eigenständige Thermen und Wellnesscenter eröffnet haben. Bei den Besseren wird das komplette Programm geboten: Ausdauer- und Kraftgeräte, ein Gymnastikbereich, Entspannungszonen, Massagen, diverse Schwimmbecken, Saunen und Anwendungen etc. In vielen Wellnessoasen sind auch Tagesgäste herzlich willkommen. Besonders empfehlenswert sind:

S168 [G7] **QC Terme Milano,** Piazzale Medaglie d'Oro, 2, Ecke Viale Filippetti, Tel. 02 89747205, www.termemilano.com, Mo–Do 9–23, Fr 9–24, Sa 8.30–24, So 8.30–23 Uhr, Zutritt ab 14 Jahren, Ganztagesticket ab 69 €. Sehr stylishes, großes Wellnesscenter in einem schicken Jugendstilgebäude im Südosten der Innenstadt. Massagen und Anwendungen aller Art sowie diverses „Wellness-Food". Empfohlen werden kann zum Beispiel der Wellness-Lunch für 29 €. Massagen ab 49 €. Ein besonderer und beliebter Gag ist die Sauna in der Tram, also im Innern eines alten, ausgemusterten gelben Mailänder Straßenbahnwaggons.

Wer **Outdooraktivitäten am Wasser** liebt, wird sich vor allem im Sommer für das Freizeitangebot am Idroscalo 36, Mailands etwas außerhalb gelegenem künstlichen See, interessieren.

Sprache

Sicher kann man Mailand und Bergamo auch ganz ohne **Italienischkenntnisse** genussreich bereisen. Hotelangestellte und Touristenführer sprechen meistens **Englisch**, manchmal auch **Deutsch.**

Wer Italien auf eigene Faust erleben möchte, tut dennoch gut daran, sich mithilfe eines Intensivkurses an Uni oder Volkshochschule, geeigneter Literatur und Tonträgern oder auch online zumindest Grundkenntnisse anzueignen – denn jedes zusätzliche Wort erspart Kosten und Mühen! Bereits für einen nur rudimentären Wortschatz können Reisende bei den Italienern viel Sympathie ernten. Infos zum „Slang Milanese" im Infokasten rechts. Im Anhang dieses Buches ist eine kleine Sprachhilfe Italienisch zu finden (s. S. 132).

Stadttouren

Es gibt mehrere Anbieter organisierter Stadttouren. Sehr empfehlenswert ist die Agentur Zani Viaggi, die beliebte Rundfahrten, geführte Thementouren (auch zu Fuß und mit dem Fahrrad) und Exkursionen im Programm hat – einige davon auch mit deutschsprachigem Guide.

•169 [D3] **Zani Viaggi,** Largo Cairoli, 18, Ecke Via Cusani/Foro Bonaparte, nicht weit vom Castello Sforzesco, Tel. 02 867131, www.zaniviaggi.it, tgl. 8.30–18.30 Uhr

Slang Milanese

Wer (etwas) Italienisch spricht und vielleicht sogar schon einige Zeit in Italien verbracht hat, merkt rasch, dass Mailänder Italienisch anders aussprechen und intonieren als ihre Landsleute.

Manche meinen, die Mailänder Sprechweise verhalte sich zum (Hoch-)Italienischen etwa so wie Wienerisch zu Hochdeutsch. Soll heißen, „Schmäh" ist im Spiel, also beispielsweise die Neigung, manche Vokale ausgesprochen in die Länge zu ziehen („milaneese"), aber auch einfach ganz grundsätzlich einen selbstbewussten, von übertriebener Bescheidenheit noch unverfälschten Ton anzuschlagen.

Außerdem gibt es eine ganze Menge Slang-Begriffe, die hauptsächlich oder nur in und um Mailand gebräuchlich sind. Kleines Beispiel: Mit den Ausdrücken „pila" (wörtlich: „Stapel") und „la fresca" („das Frische") bezeichnen Milanesi gerne Bargeld.

Vor allem Reisenden, die das erste Mal in Mailand sind, können die oben offenen **CitySightseeing-Doppeldeckerbusse** empfohlen werden. Dank des informativen **Audioguides** (auch in deutscher Sprache) an Bord lernen aber auch Mailandkenner noch etwas dazu. Die knallroten Touristenbusse zirkulieren auf **vier festen Routen** und funktionieren nach dem **Hop-on-hop-off-Prinzip**, das heißt Fahrgäste können an jeder der rund 30 Haltestellen aus- bzw. zusteigen. Viele Reisende werden dieses System aus anderen Städten rund um den Globus kennen. Allein in Italien existieren derzeit an rund 20 Orten CitySightseeing-Busse.

Ein **Ticket** ist in Mailand mit 28 € nicht gerade preisgünstig, gilt aber ab dem Zeitpunkt des Kaufs **48 Stunden für alle vier Linien.** Das Tagesticket ist mit 24 € kaum günstiger, ein 72 Stunden gültiges Ticket mit 32 € nur wenig teurer. Fahrkarten für Kinder von 5 bis 15 Jahren kosten für alle drei Zeiträume einheitlich 10 €.

Tickets kauft man am einfachsten direkt beim Einsteigen. Im Preis der Fahrkarte sind rote In-Ear-Kopfhörer enthalten, mit denen während der Rundfahrt dem Audiokommentar gelauscht werden kann – auch auf Deutsch. Wer möchte, erhält außerdem eine praktische Stadtkarte, in die der Fahrplan und die Routenverläufe eingezeichnet sind: die rote Linea A, die blaue Linea B, die grüne Linea C und die gelbe Linea D. Alle vier starten am **Foro Bonaparte** ganz in der Nähe des Castello Sforzesco ⓳. Die Rundfahrten dauern max. 90 Minuten. Mit knapp 60 Minuten am kürzesten sind die Touren der Linien A und B. Fahrgäste können sich die firmeneigene Gratis-App „Sightseeing Experience" (für Android und iOS) he-

runterladen. An Bord werden kleine Wasserflaschen verkauft.

- **Linie A** (Historical Line/Rote Linie) ist die interessanteste für Reisende, die mit knappem Zeitbudget nach Mailand gekommen sind und auf einer einzigen Fahrt möglichst viele Spitzensehenswürdigkeiten abfahren möchten. Auf der Route liegen unter anderem die Basilica di Santa Maria delle Grazie 24 mit da Vincis „Das letzte Abendmahl", der Corso Magenta, der Domplatz, das Teatro alla Scala 9 und die Giardini Pubblici Indro Montanelli 15. Der erste Bus startet täglich um ca. 11.30 Uhr. Wie bei den anderen drei Linien auch, beträgt das Intervall zwischen den einzelnen Abfahrten rund eine Stunde.
- **Linie B** (Modern Line/Blaue Linie) verläuft großteils weiter östlich als die Linie A und hält u. a. auch an der Stazione Centrale 32. Der erste Bus startet tgl. ca. 9.30 Uhr.
- **Linie C** (Sport Line/Grüne Linie) startet derzeit erst nachmittags, umrundet den Parco Sempione 20 und bringt Fahrgäste zu einigen westlich der Innenstadt gelegenen Zielen wie dem Stadion San Siro 34, dem Hippodrom 35 und dem berühmten Hochhaus-Ensemble „Tre Torri" (s. S. 9).
- **Linie D** (Navigli Line/Gelbe Linie) verbindet das Castello Sforzesco 19 mit dem Navigli-Viertel 31 und dem Domplatz. Die erste Runde startet um ca. 9.30 Uhr.

•**170** [D3] **CitySightseeing Milano,** Foro Bonaparte, 76, Ecke Via Cusani, Tel. 02 867131, www.city-sightseeing.it → Milano (mit weiteren Infos und einer interaktiven Karte, die den aktuellen Standort der Busse anzeigt).

In Konkurrenz zu diesem Hop-on-hop-off-Busrundfahrt-Anbieter stehen die auf zwei Routen zirkulierenden Busse von **Milan Open Tour.** Vorsicht vor Verwechslungen: Manchmal befinden sich die Haltestellen der beiden Anbieter direkt nebeneinander.

- **Milan Open Tour,** www.milanopentour.com

Oben offen: die knallroten Busse von CitySightseeing

Telefonieren

Die **Landesvorwahl** von Italien ist die 0039, die **Ortsvorwahl** von Mailand die 02 – wobei die Null immer mitgewählt wird. Aus dem Ausland wählt man also 0039 02 plus die Rufnummer. **Auch innerhalb Mailands** muss bei Anrufen ins Festnetz die Ortsvorwahl mitsamt Null vorgewählt werden. **Italienische Mobiltelefone** werden ohne vorangestellte Null angewählt. Servicenummern, die mit der 800 oder 803 beginnen, sind kostenfrei.

In der EU gibt es keine Roaminggebühren mehr. Damit ist das Telefonieren und Surfen mit dem Handy im EU-Ausland so günstig wie zu Hause – es sei denn, man nutzt das Handy im Ausland über einen längeren Zeitraum hinweg, dann können je nach Anbieter Nutzungsobergrenzen gelten.

Unterkunft

Auch was Übernachtungsmöglichkeiten angeht, gehört Mailand **zu den eher teuren Pflastern.** Budget-Unterkünfte sind Mangelware. Vor allem in der Mode-Hochsaison und rund um besondere Termine wie die Eröffnung der Opernsaison am 7.12. sind auch die kostspieligsten Unterkünfte belegt.

Eine ganz normale 3-Sterne-Unterkunft, schlicht und ohne Schnickschnack, verlangt in der Nebensaison für ein Doppelzimmer mit Frühstück meist mind. 100 €. Sofern sie ausgesprochen verkehrsgünstig liegt, eventuell auch etwas mehr. Egal, ob man direkt beim Hotel oder über eines der populären Online-Portale reserviert, sollte man sich während des Buchungsvorgangs vergewissern, ob der angegebene Preis pro Zimmer oder pro Person gilt.

Die Preise können **saisonbedingt erheblich variieren.** Zum Beispiel gibt es zu Messezeiten enorme Aufschläge. Umgekehrt locken viele Häuser regelmäßig mit Sonderangeboten. Manchmal lohnt es sich, über ein Online-Vergleichsportal zu buchen, denn viele Hotels handeln mit den Portalbetreibern besondere Konditionen aus, z. B. eine kostenfreie Stornierung bis kurz vor Anreise.

Zu den Übernachtungskosten kommt stets noch eine **CityTax** (Touristensteuer) dazu. Sie richtet sich nach der Ausstattungskategorisierung und beträgt pro Person und Übernachtung 3 bis 5 €. Kinder sind von ihr befreit.

Sofern Unterkünfte **Frühstück** *(colazione)* anbieten, ist es u. U. preisgünstiger, dieses bei der Reservierung gleich mitzubuchen. Manche kleinere Hotels schließen in der Nebensaison und/oder im August.

Alternativen zu den für italienische wie gesamteuropäische Verhältnisse teuren Mailänder Hotels gab es bis vor wenigen Jahren kaum. Eine richtige **Bed-and-Breakfast-Kultur** hatte sich nie etabliert, **Jugendherbergen** waren kaum vorhanden und zum **Campen** musste man recht weit raus fahren. Diese Situation hat sich mit dem Siegeszug der **Internetportale zur Privatzimmervermittlung** geändert.

Hotels

Domplatz und Umgebung

Die Vorzüge einer Unterkunft in der Nähe des Doms ❶ liegen auf der Hand: Die meisten Sehenswürdigkeiten, Museen, Geschäfte und Plätze, für die Mailand zu Recht weltberühmt ist, können zu Fuß erreicht werden.

171 [E6] **Ascot** €€, Via Lentasio, 3, Tel. 02 58303300, www.hotelascotmilan.com. **Günstig gelegen:** Zweckmäßig eingerichtet, besticht das Hotel vor allem durch seine Lage nur eine U-Bahn-Station südlich des Domplatzes.

172 [E4] **Galleria Vik Milano** €€€, Via Silvio Pellico, 8, Tel. 02 89058297, www.galleriavikmilano.com. **Luxus und Pracht:** Mitten in der Galleria Vittorio Emanuele II erfreut das Luxushotel seine Gäste mit 89 individuell und äußerst geschmackvoll eingerichteten Zimmern und Suiten. Concierge- und In-Room-Service sind selbstverständlich. Edle Restaurants, darunter die Rooftop-Pizzeria „I Dodici Gatti".

Nördlich des Zentrums

Wer nördlich der Innenstadt logiert, ist näher an den beiden großen Stadtparks, Parco Sempione 20 und Giardini Pubblici Indro Montanelli 15. Außerdem können Top-Spots wie die Pinacoteca di Brera 17 und der Cimitero Monumentale 33 unter Umständen schneller erreicht werden.

086ma Abb.: js

173 [eh] **Cristallo** €€, Via Domenico Scarlatti, 22, Tel. 02 29517555, www.hotelcristallomilan.com. **Zweckmäßige Lage:** Sachlich und schnörkellos eingerichtet und nur 100 Meter vom Hauptbahnhof und den Flughafentransferbussen.

174 [F3] **Four Seasons** €€€, Via Gesù, 6/8, Tel. 02 77088, www.fourseasons.com/milan, DZ ab rund 900 €. **Wohlfühlen und genießen:** Empfängt seine Gäste mit luxuriösem Interieur in altehrwürdiger Kulisse. Unweit der Nobelmeile Via Montenapoleone logieren die Gäste in einem ehemaligen Kloster aus dem 15. Jahrhundert. Mehrere Designer-Suiten und hoteleigenes Restaurant.

175 [fg] **Ramada Plaza** €€, Via Stamira D'Ancona, 27/A, Tel. 02 288541, www.ramadaplazamilano.it. **Ruhige Lage:** Versteht sich als innovatives Resort Hotel, das auch anspruchsvollere Geschäftsreisende zu schätzen wissen. Die Entfernung zum Zentrum erklärt die relativ günstigen Preise. Hervorragende Parkmöglichkeiten.

176 [G1] **Sempione** €, Via Camillo Finocchiaro Aprile, 11, Tel. 02 6570323, www.hotelsempione.it. **Nicht weit vom Park Giardini Pubblici Indro Montanelli entfernt:** Etwas näher am Hauptbahnhof als am Domplatz gelegen, überzeugt das Sempione mit moderner Ausstattung.

177 [dh] **Tocq** €€, Via Alessio di Tocqueville, 7/D, Tel. 02 62071, www.tocq.it. **In stilvoller Umgebung:** Nicht weit vom Regionalbahnhof Garibaldi mitten im Modeviertel des Corso Como gelegen. Reisende, die Shoppen, Bars und Clubs ganz oben auf der Agenda stehen haben, werden sich hier wohlfühlen.

Leider kein Schnäppchen: Übernachten in der Galleria Vik Milano

Buchungsportale

Neben Buchungsportalen für **Hotels** (z. B. www.booking.com, www.hrs.de oder www.trivago.de) bzw. für **Hostels** (z. B. www.hostelworld.com) gibt es auch Anbieter, bei denen man **Privatunterkünfte** buchen kann. Portale wie www.airbnb.de oder www.wimdu.de vermitteln Wohnungen, Zimmer oder auch nur einen Schlafplatz auf einer Couch. Diese oft recht günstigen Übernachtungsmöglichkeiten sind nicht unumstritten, weil manchmal normale Wohnungen gewerblich missbraucht werden. Einige Städte greifen deshalb regulierend ein.

Westlich des Zentrums

Westlich der Innenstadt quartieren sich Reisende ein, denen im *centro storico* zu viel Rummel ist. Außerdem ist man von hier aus näher dran am Navigli-Viertel 31 sowie an einigen Kirchen und Museen wie z. B. dem Museo delle Culture (s. S. 69) und dem Modetempel Armani/Silos (s. S. 68).

178 [C4] **King** €-€€, Corso Magenta, 19, Tel. 02 874432, www.hotelkingmilano.com. **Praktische Lage:** Das Interieur ist *old-fashioned* mit reichlich dunklem Holz und schweren Vorhängen. Nicht weit vom Regionalbahnhof Cadorna entfernt. Bei sehr kurzfristiger Buchung über die Website sind Schnäppchen möglich.

179 [D7] **Milano Navigli** €€, Piazza Sant'Eustorgio, 2, Tel. 02 36553751, www.hotelmilanonavigli.it. **Reizvolle Umgebung:** Traumlage für Flaneure und Fans des romantischen Navigli-Viertels!

180 [B6] **Minerva** €-€€, Corso Cristoforo Colombo, 15, Tel. 02 8375745, www.hotelminervamilan.com. **Flanieren und Shoppen:** Eines der günstigeren 3-Sterne-Häuser im Bereich der Innenstadt.

Preiskategorien

Die Preiskategorien gelten für ein Doppelzimmer mit Frühstück.

€	bis 120 €
€€	120 € bis 200 €
€€€	über 200 €

181 [C5] **Pierre Milano** €€€, Via De Amicis, 32, Tel. 02 72000581, www.hotelpierremilano.it. **Stil und Komfort:** Sehr schick am westlichen Rand des Stadtzentrums gelegen, ist das Pierre Milano relativ hochpreisig.

182 [A5] **Sant'Ambroeus** €€, Viale Papiniano, 14, Tel. 02 48008989, www.hotelsantambroeus.it. **Schnörkellose Unterkunft:** Unweit der U-Bahn-Station Sant'Agostino westlich von Mailands Zentrum gelegen. Einige Top-Sights können von hier zu Fuß erreicht werden.

Hostels

183 [D5] **Ostello Bello** €, Via Medici, 4, Tel. 02 36582720, www.ostellobello.com/en/hostel/milan-duomo. **Originelles Konzept:** Das sehr zentral gelegene Hostel versprüht Jugendherbergs-Charme. Einen Platz im Mehrbettzimmer gibt es manchmal für rund 35 €. Ein DZ mit eigenem Bad ist weitaus teurer. Preisgünstiges Frühstück und viele weitere Annehmlichkeiten wie z. B. ein Klavier, ein Willkommensdrink, Gratiskaffee und -tee sowie eine hübsche Dachterrasse.

184 [eh] **Ostello Bello Grande** €, Via Roberto Lepetit, 33, Tel. 02 6705921, www.ostellobello.com/en/hostel/milan-central-station. **Am Hauptbahnhof:** Derselbe Betreiber und im Wesentlichen identische Konditionen wie das Ostello Bello in der Via Medici (siehe oben). Die Terrasse ist sogar noch ein wenig einladender.

Jugendherberge

185 [bh] **Ostello Milano „Piero Rotta"** €, Viale Angelo Salmoiraghi, 1, Ecke Via Calliano, Tel. 02 39267095, www.ostellomilano.com (auch auf Deutsch). 6-Bett-Zimmer ab 25 € pro Person, DZ deutlich teurer. **Unschlagbar günstig für Gruppen:** Bietet alles, was man vernünftigerweise von einer Jugendherberge erwartet und ist über die Metrolinie 1 gut an die Innenstadt angebunden. Im Sommer und zu Messezeiten unter Umständen Preisaufschläge.

Verhaltenstipps

In Mailand wird größter Wert auf ein **tadelloses äußeres Erscheinungsbild** gelegt. *Bella figura* ist angesagt – ohne Wenn und Aber! Reisende, die einen guten Eindruck hinterlassen möchten, tun es den Mailändern gleich. In (besseren) **ristorantes** ist es üblich, mindestens zwei Gänge zu ordern, den *primo* und den *secondo*. Das **Rauchen in öffentlich zugänglichen Gebäuden** wird wie überall in Italien mit saftigen Geldstrafen geahndet (s. S. 80). Bei **Kirchenbesichtigungen** nicht zu viel Haut zu zeigen, zeugt von Respekt und Stil.

Verkehrsmittel

Vieles spricht dagegen, in Mailand mit einem Auto umherzufahren. Erstens fällt eine Citymaut (s. S. 107) an, zweitens sorgen das Einbahnstraßensystem und der Parkplatzmangel für nervenaufreibende Abenteuer und drittens stehen reichlich zuverlässige und preisgünstige öffentliche Verkehrsmittel zur Verfügung.

Für Kurzbesucher am interessantesten sind die **Metro** und unter Umständen einige ausgewählte Linien des **Tram- und Stadtbusnetzes.** Betrieben werden alle drei Verkehrsmittel von der **Azienda Trasporti Municipali** (ATM).

> **Azienda Trasporti Municipali (ATM),** kostenfreie Infoline Tel. 02 48607607 (tgl. 7.30–19.30 Uhr), www.atm.it (Italienisch und Englisch, mit Streckenberechnung und vielen Infos)

Taxis sind zahlreich vorhanden, aber verhältnismäßig kostspielig. Preis- und umweltbewusste Mailandbesucher nutzen ein **Leihfahrrad** (s. S. 120).

Tickets

Tickets sind stets vor Fahrtantritt zu erwerben. Ein **einfaches Ticket** *(biglietto ordinario)* kostet 2,20 € und ist 90 Min. lang für Metro-, Tram- und Busfahrten in den Zonen Mi1 bis Mi3 des Stadtgebiets gültig – inkl. eventuellen Umstiegen auf andere Linien.

Ein **24-Stunden-Ticket** für die Zonen Mi1 bis Mi3 kostet 7,60 €, ein **Drei-Tages-Ticket** 13 € und ein Block mit 10 Einzeltickets 19,50 €. Kinder unter 14 Jahren fahren gratis.

Man erhält Fahrkarten entweder am **Automaten** (oft ist kontaktloses Bezahlen möglich), in **Bars**, an **Kiosken** oder in mit einem großen schwarzen **„T"** (für *tabacchi*, also „Tabakprodukte") gekennzeichneten Läden, außerdem über die **ATM-App** (s. S. 113) oder **per SMS.** Für ein 2,20-€-Ticket sind drei Großbuchstaben an die Nr. 48444 zu senden: ATM. Für den Zugang zum Verkehrsmittel erhält man einen QR-Code auf sein Smartphone. Zum regulären Ticketpreis kommen etwaige Kosten für die SMS hinzu.

068ma Abb.: js

Metro

Derzeit gibt es **vier Metrolinien.** Eine fünfte, die M4, wurde 2023 teilweise fertiggestellt. Die für die meisten Touristen wichtigsten sind die **M1** und die **M2,** die sich an zwei Stellen begegnen, darunter auch am Regionalbahnhof Cadorna nahe des Castello Sforzesco 19. Betriebszeit ist täglich von ca. 6 bis 0.30 Uhr (Linie M5 bis 24 Uhr) und nur an zwei Tagen im Jahr verkürzt auf 7 bis ca. 19.30 Uhr (1. Mai und 25. Dezember). Metrostationen sind leicht an einem Schild mit weißem „M" auf rotem Grund zu erkennen.

Achtung: Das entwertete Ticket benötigt man zum Verlassen der Ziel-Metrostation. Sind 90 Min. knapp überzogen, kostet das Verlassen eine Sondergebühr.

Große Stationen verfügen über **preisgünstige Toilettenkabinen**, die sich nach jedem Besuch vollautomatisch reinigen. Gut zu wissen: Spätestens gegen 1 Uhr nachts schließen Mailands Metrostationen.

Busse, Tram und S-Bahn

Bus und Tram zu benutzen, ist für Besucher, die sich hauptsächlich in der Innenstadt aufhalten, nicht unbedingt notwendig. Am ehesten sind die **Trams** mit den Nummern 1, 2, 3 und 14 von Interesse. Die regulär alle 10 Minuten verkehrende historische **Tram 1** rollt an einer Vielzahl von Mailands Topsehenswürdigkeiten vorbei, darunter dem Teatro alla Scala 9, dem Domplatz und dem Castello Sforzesco 19. Da die Fahrt nicht mehr als mit jeder anderen Tram kostet, ermöglicht das knallgelbe Gefährt (s. Foto oben) ein besonders preisgünstiges mobiles Sightseeing.

Mit der historischen Tram die Stadt erkunden

Die Linie 2 verbindet das Zentrum mit dem Regionalbahnhof Porta Genova unweit des Navigli-Viertels 31.

Die **Preise** für Tram und Busse sind dieselben wie für die Metro. Tickets kauft man nicht beim Fahrer, sondern ebenfalls an Automaten bzw. in Bars etc. Beim Einsteigen ans **Entwerten** denken!

S-Bahnen *(Linee ferroviarie suburbane)* fahren in die Vororte.

Fahrrad-Rikschas

Wie in vielen anderen Metropolen kann man sich auch in Mailand durch die Innenstadt strampeln lassen – mit oder ohne „Guide-Funktion" des Fahrers (30 Minuten ab ca. 25 €).

Taxis

Eine (kurze) Taxifahrt durch ein Stück der Innenstadt schlägt mit etwa 10 € zu Buche. Nachts und am Wochenende liegen die Preise höher.

› **Taxi-Ruf:** Tel. 02 4000, 02 4040, 02 6969, 02 7777 und 02 8585

Im Dom 1 zieht die Bartholomäus-Statue (s. S. 17) viele Blicke auf sich

Wetter und Reisezeit

Mailand ist **das ganze Jahr über eine Reise wert.** Das Patronatsfest am 7. Dezember mit Eröffnung der Opernsaison fällt sogar in den auch in Norditalien klimatisch nicht sehr gemütlichen Winter.

Mailand hat die niedrigste Jahresdurchschnittstemperatur aller italienischen Großstädte. Im Januar verzeichnet man eine durchschnittliche Temperatur von 3 Grad. Allerdings fällt das Thermometer auch im nebligen lombardischen **Winter** nur selten für längere Zeit unter 0 Grad.

Im **Sommer** werden tagsüber häufig heiße 30 Grad und mehr erreicht. Die Stadt gehört dann den Touristen, denn jeder Italiener, der es sich leisten kann, flüchtet spätestens im Juli in den Sommerurlaub. Viele touristisch relevante Einrichtungen haben dann verkürzte Öffnungszeiten oder sind ganz geschlossen. Die auch von den Witterungsverhältnissen her **optimalen Reisezeiten** sind das (frühe) Frühjahr und der Herbst.

Wer kann, meidet Zeiten, in denen Mailand wegen bedeutender **Messe-Events** wie den Modewochen (s. S. 85) und dem Salone Internazionale del Mobile (s. S. 90) völlig überfüllt ist – was sich natürlich auch in höheren Preisen für die Unterkunft niederschlägt, sofern man überhaupt eine bekommt.

Wetter in Mailand

Durchschnitt	Jan	Febr	März	Apr	Mai	Juni	Juli	Aug	Sept	Okt	Nov	Dez
Maximale Temperatur	5°	8°	13°	18°	23°	28°	30°	29°	24°	17°	10°	6°
Minimale Temperatur	–1°	1°	5°	9°	13°	17°	19°	19°	15°	10°	5°	1°
Regentage	7	7	8	8	8	8	6	7	5	7	9	6

006ma Abb.: js

Kleine Sprachhilfe Italienisch

Die Sprachhilfe ist dem Kauderwelsch-Sprachführer **„Italienisch – Wort für Wort“** aus dem Reise Know-How Verlag entnommen.

Aussprache

ie, ai, eu	Doppellaute werden immer getrennt ausgesprochen, also „i-e“, „a-i“, „e-u“.
c	wie „k“ vor den Selbstlauten a, o, u; wie „tsch“ in „Matsch“ vor den Selbstlauten e, i
ch	wie „k“
g	wie „g“ vor den Selbstlauten a, o, u; wie „dsch“ in „Dschungel“ vor den Selbstlauten e, i
gh	wie „g“
gli	wie „lj“
gn	wie „nj“ in „Tanja“
h	stumm, wird nicht gesprochen
r	gerolltes Zungenspitzen-r
s	am Wortanfang immer stimmloses „s“ wie in „Bus“; in der Wortmitte zwischen Selbstlauten stimmhaftes „s“ wie in „Rose“
st	spitzes „st“ wie in „Hast“
v	wie „v“ in „Vase“
z	stimmhaftes „ds“ wie in „Rundsaal“

Zahlen

0	*zero*	8	*otto*	16	*sedici*	60	*sessanta*
1	*uno*	9	*nove*	17	*diciassette*	70	*settanta*
2	*due*	10	*dieci*	18	*diciotto*	80	*ottanta*
3	*tre*	11	*undici*	19	*diciannove*	90	*novanta*
4	*quattro*	12	*dodici*	20	*venti*	100	*cento*
5	*cinque*	13	*tredici*	30	*trenta*	200	*duccento*
6	*sei*	14	*quattordici*	40	*quaranta*	300	*trecento*
7	*sette*	15	*quindici*	50	*cinquanta*	1000	*mille*

Die wichtigsten Fragen

Gibt es ...?	*C'è ...?*
Ich brauche ...	*Ho bisogno di ...*
Ich möchte / Ich will ...	*Vorrei ... / Voglio ...*
Geben Sie mir bitte ...	*Mi dia ..., per favore.*
Wo kann man ... kaufen?	*Dove si può comprare ...?*
Wie viel kostet ...?	*Quanto costa / viene ...?*
Wie viel kostet das?	*Quanto costa?*
Was ist das?	*Che cosa è questo?*
Wo ist / befindet sich ...?	*Dov'è ...?*
Ich möchte nach ... fahren	*Vorrei andare a ...*
Wie komme ich nach ...?	*Come faccio ad andare a ...?*
Wieviel kostet die Fahrt nach?	*Quanto costa il viaggio per ...?*
Ist das der Zug nach ...?	*È questo il treno per ...?*
Wann fährt der Bus nach ... ab?	*A che ora parte l'autobus per ...?*

+++ Die wichtigsten Wörter mit dem Bonus-Audiotrack des Kauderwelsch-

Die wichtigsten Floskeln und Redewendungen

ja - nein	*sì - no*
bitte (um etw. bitten)	*per favore*
Bitteschön! (anbieten)	*Prego!*
(Vielen) Dank!	*Grazie (tanto)!*
Keine Ursache!	*Di niente! / Non c'è di che!*
Guten Morgen / Tag!	*Buongiorno!*
Guten Abend!	*Buona sera!*
Herzlich willkommen!	*Benvenuto!/Benvenuta!*
Wie geht es dir / Ihnen?	*Come stai / sta?*
(Sehr) gut. - Schlecht.	*(Molto) bene. - Male.*
Auf Wiedersehen! (du/Sie)	*Arrivederci! / ArrivederLa!*
Hallo!, Tschüss!	*Ciao!*
Bis später! / Bis morgen!	*A più tardi! / A domani!*
In Ordnung!	*Va bene!, D'accordo!*
Ich weiß (es) nicht.	*Non (lo) so.*
Guten Appetit!	*Buon appetito!*
Zum Wohl!, Prost!	*Salute!, Cin cin!*
Die Rechnung, bitte!	*Il conto, per favore!*
Entschuldige/n Sie!	*Scusa! / Scusi!*
Es tut mir leid!	*Mi dispiace.*
Gestatten!, Darf ich?	*Permesso?*
(Sehr) gern!	*(Molto) volentieri!*
Sag / sagen Sie mir!	*Dimmi! / Mi dica!*
Helfen Sie mir bitte!	*Mi aiuti, per favore!*
Hilfe!	*Aiuto!*

Nichts verstanden? – Weiterlernen!

Ich spreche nicht gut Italienisch.	*Non parlo bene l'italiano.*
Ich möchte Italienisch lernen.	*Vorrei imparare l'italiano.*
Wie bitte?	*Come?*
Was haben Sie gesagt?	*Come ha detto?*
Ich habe nicht verstanden!	*Non ho capito!*
Sprechen Sie Englisch?	*Parla l'inglese?*
Wie sagt man auf Italienisch?	*Come si dice in italiano?*
... auf Deutsch	*... in tedesco*
... auf Englisch	*... in inglese*
... auf Französisch	*... in francese*
... auf Niederländisch	*... in olandese*
Wie spricht man dieses Wort aus?	*Come si pronuncia questa parola?*
Wiederholen Sie bitte!	*Ripeta, per favore!*
Können Sie bitte langsamer sprechen?	*Può parlare più lentamente, per favore?*
Können Sie mir das bitte aufschreiben?	*Me lo può scrivere, per favore?*

Im Restaurant bestellen

Können wir bitte die Speisekarte/ Getränkekarte haben?	*Possiamo avere il menù/la lista delle bevande, per favore?*
Wir möchten bitte bestellen.	*Vorremmo ordinare.*
Was können Sie uns empfehlen?	*Cosa ci consiglia?*
Was ist das Tagesgericht?	*Cos'è il piatto del giorno?*
Was sind die Spezialitäten der Gegend?	*Quali sono le specialità della regione?*
Ich nehme als Vorspeise/ersten Gang/ zweiten Gang ...	*Prendo come antipasto/primo piatto/ secondo piatto ...*
Die Rechnung, bitte.	*Il conto, per favore.*
Stimmt so, danke.	*Va bene così, grazie.*

Die wichtigsten Einkaufsfloskeln

Ich suche ...	*Cerco ...*
Haben Sie ...?	*Ha ...?*
Wo kann ich ... finden?	*Dove posso trovare ...?*
Gibt es hier einen Markt?	*C'è un mercato qui?*
Wo ist der nächste Supermarkt?	*Dov'è il supermercato più vicino?*
Könnten Sie mir bitte helfen?	*Mi potrebbe aiutare, per cortesia?*
Ich hätte gern ...	*Vorrei ...*
Geben Sie mir bitte ...	*Mi dà ..., per favore.*
Wie viel kostet das?	*Quanto costa?*
Wie viel kostet das Kilo?	*Quanto costa al chilo?*
Etwas weniger/mehr, bitte.	*Un po' di meno/più, per favore.*
Danke, das genügt.	*Basta così, grazie.*
Danke, das ist alles.	*Grazie, è tutto.*
Um wie viel Uhr öffnen/schließen Sie?	*A che ora apre/chiude?*

Die wichtigsten Begriffe im Restaurant

menù	Speisekarte	*antipasto*	Vorspeise
primo	erster Gang	*secondo*	zweiter Gang
dessert (m)	Nachspeise	*porzione (w)*	Portion
piatto del giorno	Tagesgericht	*lista delle bevande*	Getränkekarte
piatto	Teller	*tazza*	Tasse
vino	Wein	*birra*	Bier
acqua	Wasser	*pane (m)*	Brot
bottiglia	Flasche	*bicchiere (m)*	Glas
coperto	Gedeck	*posate*	Besteck
forchetta	Gabel	*coltello*	Messer
cucchiaio	Löffel	*minestra*	Suppe
carne (w)	Fleisch	*pesce (m)*	Fisch
frutta	Obst	*verdura*	Gemüse
contorno	Beilage	*insalata*	Salat

Reisen mit Know-How

Register

F

G

H, I

J

K

L

M

Impressum

Jens Sobisch

CityTrip Mailand und Bergamo

5., neu bearbeitete und aktualisierte Auflage 2024

ISBN 978-3-8317-3819-9

Druck und Bindung:
mediaprint solutions GmbH, Paderborn

Herausgeber: Klaus Werner
Layout: amundo media GmbH (Umschlag, Inhalt), Peter Rump (Umschlag)
Lektorat: amundo media GmbH
Karten: Ingenieurbüro K. Wendler, amundo media GmbH
Anzeigenvertrieb: KV Kommunalverlag GmbH & Co. KG, Alte Landstraße 23, 85521 Ottobrunn, Tel. 089 928096-0, info@kommunal-verlag.de
Kontakt: Osnabrücker Str. 79, 33649 Bielefeld, info@reise-know-how.de

Alle Angaben in diesem Buch sind gewissenhaft geprüft. Preise, Öffnungszeiten usw. können sich jedoch schnell ändern. Für eventuelle Fehler übernehmen Verlag wie Autor keine Haftung.

Bildnachweis

Umschlagvorderseite: © Samuel B., stock.adobe.com | Umschlagrückseite: © Freesurf, stock.adobe.com | Umschlagklappe rechts: © Mihai-Bogdan Lazar, stock.adobe.com
Soweit ihre Namen nicht vollständig am Bild vermerkt sind, stehen die Kürzel an den Abbildungen für die folgenden Fotografen, Firmen und Einrichtungen. Jens Sobisch: js

Liste der Karteneinträge

Adressen

Hausnummern sind meist durch ein Komma abgetrennt. Häufige Abkürzungen bei Adressangaben:

ang. (angolo)	Ecke
d. (del/della/delle)	von
C./Cso. (Corso)	Allee/Hauptstraße
P./Pza. (Piazza)	Platz
S. (San/Santo/Santa/Sant')	heilige/heiliger
V. (Via)	Weg/Straße

Zeichenerklärung

10	Hauptsehenswürdigkeit
[A6]	Planquadrat in den Karten
	Arzt, Apotheke, Krankenhaus
	Bar, Club
	Café
	Denkmal
	Friedhof
	Galerie
	Geschäft, Kaufhaus, Markt
	Hotel, Unterkunft
	Imbiss, Pizzeria
	Informationsstelle
	Jugendherberge
	Kirche
	Museum
	Musikszene, Disco
	Parkplatz/-haus
	Polizei
	Post
	Pub, Kneipe
	Restaurant
★	Sehenswürdigkeit
●	Sonstiges
S	Sporteinrichtung, Therme, Spa
	Synagoge
	Theater
M1	Metro-Halt
S	S-Bahn-Halt
O	Tram-Halt
	Shoppingareal
	Gastro- und Nightlife-Areal
	Stadtspaziergang (s. S. 12)

Hier nicht aufgeführte Nummern liegen außerhalb der abgebildeten Karten. Ihre Lage kann aber wie die von allen Ortsmarken im Buch mithilfe der Web-App angezeigt werden (s. rechts).

Mailand mit PC, Smartphone & Co.

QR-Code auf dem Umschlag scannen oder **www.reise-know-how.de/citytrip/mailand24** eingeben und die **kostenlose Web-App** aufrufen (Internetverbindung zur Nutzung nötig)!

★**Anzeige der Lage und Satellitenansicht aller** beschriebenen Sehenswürdigkeiten und weiteren Orte
★**Routenführung** vom aktuellen Standort zum gewünschten Ziel
★**Exakter Verlauf** des empfohlenen Stadtspaziergangs
★**Audiotrainer** der wichtigsten Wörter und Redewendungen
★**Updates** nach Redaktionsschluss

GPS-Daten zum Download

Die GPS-Daten aller Ortsmarken und des Spaziergangs stehen auf der Produktseite des Titels auf www.reise-know-how.de zum Download zur Verfügung.

Stadtplan für mobile Geräte

Um den Stadtplan auf Smartphones und Tablets zu nutzen, empfehlen wir die App „Avenza Maps" der Firma Avenza™. Über die Funktion „Store" kann die „Citymap Milan 2024" kostenlos geladen werden.

Die Information über und die Bereitstellung von digitalen Zusatzinhalten (z. B. Web-App, Links, GPS-Tracks o. Ä.) ist eine freiwillige Zusatzleistung des Verlages, auf die kein Anspruch besteht und für deren Richtigkeit aufgrund der Veränderlichkeit solcher Informationen auch nicht gehaftet werden kann. Insbesondere behält sich der Verlag deshalb vor, die Bereitstellung und die Zugriffsmöglichkeit zeitlich zu befristen und den Zugriff hierauf auch vorfristig abzuschalten.

Mailand, Ausschnitt Stadtgebiet

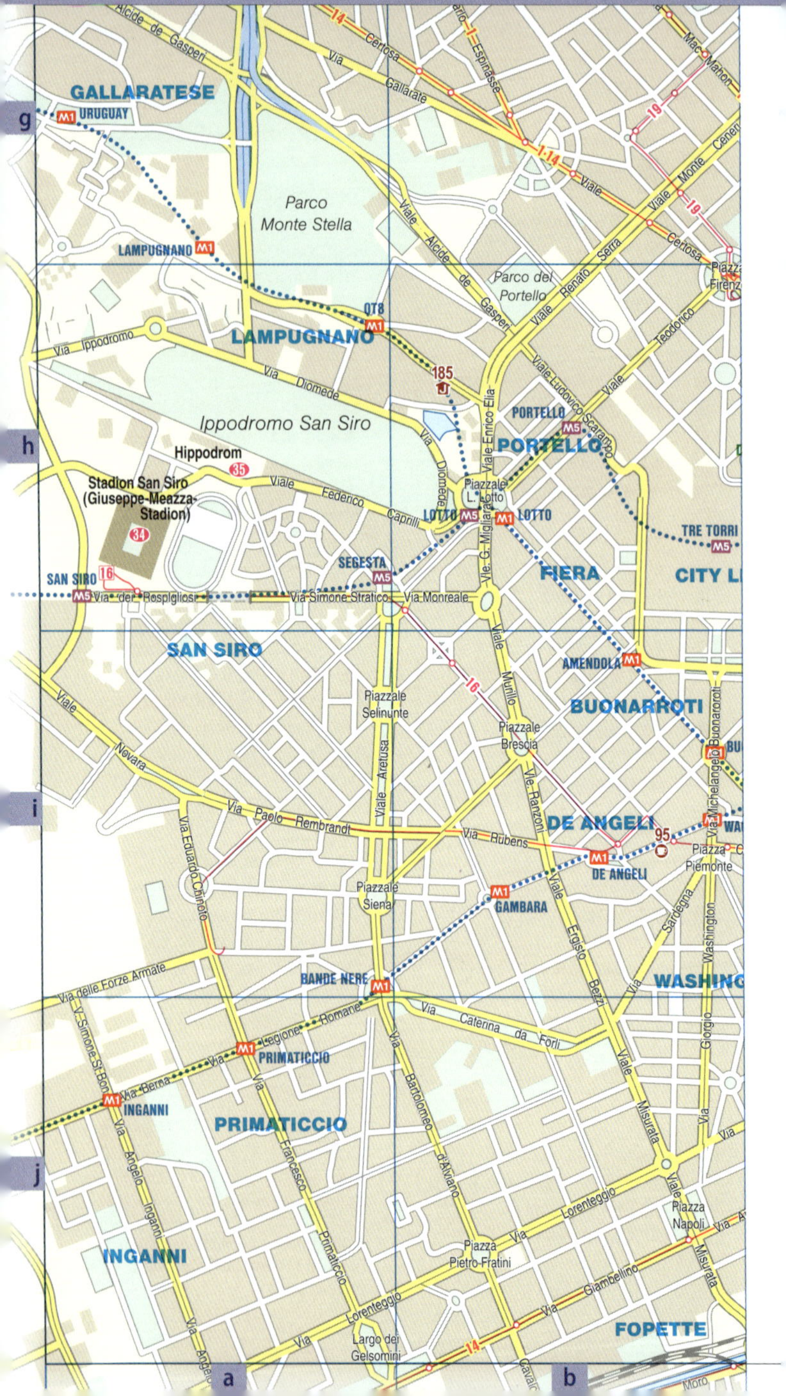

a b g h i j